A contribuição da doutrina na jurisdição constitucional portuguesa e brasileira

Teresa M.G. Da Cunha Lopes (Coord.)
Lucio Pegoraro
Armindo Lopes Ribeiro Mendes
André Ramos Tavares
Renato Gugliano Herani
Andrea López Contreras
Marco Solorio Romero
Karla Martínez Medina

UNIVERSIDADE DE BOLONHA
UNIVERSIDADE NOVA DE LISBOA
UMSNH
(COORDINACIÓN DE LA INVESTIGACIÓN CIENTÍFICA PROJECTO CIC
/CENTRO DE INVESTIGACIONES JURÍDICAS Y SOCIALES
CUERPO ACADÉMICO DERECHO,ESTADO Y SOCIEDAD DEMOCRÄTICA)

Dezembro 2014

1

Título
"A contribuição da doutrina na jurisdição constitucional portuguesa e brasileira"

ISBN
ISBN-13:978-1507656730
ISBN-10:1507656734

Edición
1ª.Edición

Colección
"Transformaciones Jurídicas y Sociales en el Siglo XXI"
serie 8/No. 3

Coordinadores de la Colección
Hill Arturo del Río Ramírez
Teresa M. G. Da Cunha Lopes

Aprobado por
Centro de Investigaciones Jurídicas y Sociales UMSNH
Comisión Editorial de la Facultad de Derecho y Ciencias Sociales

Coordinador de la Edición y Diseño Gráfico
Pedro Rusiles

Fecha Publicación
8 de diciembre de 2014

Editado por CIJUS/Facultad de Derecho, CAEC "Derecho, Estado y Sociedad Democrática"

Impreso por : Creative Space

Lista de abreviaturas

ABNT	Associação brasileira de normas técnicas
ADI	Ação direta de inconstitucionalidade por comissão
ADC	Ação declaratória de constitucionalidade
ADO	Ação direta de inconstitucionalidade por omissão
ADPF	Arguição de descumprimento de preceito fundamental
An	analisadas
cap.	capítulo
CF	Constituição Federal de 1988
Cit	citadas
espec.	especificamente
Imp	Improcedente
Min.	Ministro
n.	número
Nc	Não conhecida
STF	Supremo Tribunal Federal
Proc	Procedente
Por ex.	Por exemplo
Pproc	Parte procedente
USP	Universidade de São Paulo
vol	volume

Índice de contenido

Lista de abreviaturas... 3

Prefacio de *Lucio Pegoraro* 7

Capítulo I
A doutrina na jurisprudência dos Tribunais Constitucionais (e a
falta de doutrina sobre a doutrina)
Lucio Pegoraro... 17

Capítulo II
Apresentação do método aplicado: as citações doutrinárias em
números
André Ramos Tavares y Renato Gugliani Herani...............   31

Capítulo III
A contribuição da doutrina na jurisprudência constitucional
brasileira: análise dos dados
André Ramos Tavares...67

Capítulo IV
Tribunal Constitucional entre o Direito e a Política.
A Fiscalização Preventiva da Constitucionalidade
Armindo Lopes Ribeiro Mendes
y Teresa Da Cunha Lopes 105

Capítulo V
As fontes doutrinárias diretas das sentenças de control preventivo
da constitucionalidade do Tribunal Constitucional de Portugal no
período de Janeiro 2002 a Dezembro 2002
Andrea López Contreras
Marco Solorio Romero
Karla Martínez Medina
Teresa Da Cunha Lopes 147

Referencias Bibliográficas 201

Prefacio

Lucio Pegoraro

O presente livro surge dentro do marco de uma investigação mundial sobre a circulação da doutrina na jurisprudência produzida pelos Tribunais Constitucionais e Supremos do mundo (PRIN Italia 2010-2011, "Courts, Professors and the inclusive society: the impact of scholarly opinions on the Highest Courts" e da sua ampliaçao 2013-2015 .

O projeto de investigação pretende fazer um estudo inter-formantes, com o fim de verificar se a jurisprudência das Cortes Constitucionais e Supremas resulta explicitamente permeável ao formante doutrinário. Por outro lado, o objeto principal da investigação são as citações diretas da doutrina que utilizam os juízes na motivação das decisões. De fato, é bastante evidente como de forma indireta o formante doutrinário incide sempre naquela jurisprudência através da formação dos juízes. A bagagem de conhecimentos jurídicos sobre a qual o juiz se formou determina necessariamente a atitude com que entende a sua função, além disso influi sobre o processo de justificação da decisão no caso concreto. O mesmo pode-se dizer em relação ao grau de profundidade que o juiz, por si só ou auxiliado por seus colaboradores, desenvolve em cada caso para definir a controvérsia, por isso mesmo na ausência de citações diretas pode aparecer mais ou menos evidente como ele se inspirou em determinadas teorias ou doutrinas jurídicas. Contudo, não existem instrumentos específicos para poder apreciar de maneira objetiva este tipo de contribuição. Daí a eleição de concentrar-se nas citações diretas, com o fim de realizar uma análise cientificamente verificável.

As citações de cada Corte serão classificadas com base no: autor citado, matéria de citação, língua da citação, língua original da contribuição, instituição na qual pertence o autor, função da citação na motivação da decisão.

Uma parte da investigação a nível mundial também será dedicada à análise dos casos em que não estão presentes, no todo ou parte não significativa, citações doutrinárias, com o fim de entender o porquê do fechamento total entre os dois formantes (por expresso impedimento normativo, por motivos históricos, linguísticos ou culturais, pela escassez dos instrumentos de investigação bibliográfica ou pelo atraso tecnológico, etc.).

A catagolação das citações será utlizada nesta investigação para dois objetivos diversos. O primeiro se projeta sobre uma maior compreensão dos processos de invenção-justificação dos juízes na solução dos casos concretos. Para isso, as citações doutrinárias serão analisadas no interior do próprio contexto em que são usadas, com a finalidade de compreender seu papel na motivação da sentença. O segundo objetivo é identificar as diretrizes do fluxo circulatório e, em relação a elas, responder às seguintes perguntas: Quais são os autores mais citados?; A que tipo de cultura jurídica pertencem?; Quais são os países que "importam" cultura e quais aqueles que a "exportam"?; Quais escolas jurídicas de pensamento prevalecem e por quê? Esta segunda linha de investigação, menos técnica e mais prática, está intimamente ligada ao processo de reforma que as distintas Universidades estão atravesando e, mais em geral, o tema do valor e papel que os Governos, através das respectivas políticas de programação financeira, reconhecem às instituições de alta formação na economia dos distintos países.

O aumento das pressões procedentes de toda parte sobre as instituições culturais para que demonstrem que são um mecanismo irrenunciável da máquina-mercado, evidencia que não é suficiente produzir "cultura" em si, é necessário também provar que o produto intelecutal "vende-se", que, por isso, é produtivo, não de mais cultura, mas sim de algum outro produto ou serviço, como por exemplo uma sentença em um caso concreto.

Desta ótica, um dos fatores sobre os quais cada Universidade investe é o fim de *marketing* e sua "internacionalização", que se mede, por exemplo, com o número de estudantes estrangeiros que frequentam os cursos, o número de títulos reconhecidos, o número de doutores e mestres internacionais, o número de convênios de colaboração com universidades de outros países.

Por meio desta investigação, poder-se-á ter um ulterior parâmetro de medição da internacionalização das Universidades, limitado ao campo jurídico, definido pelo número de citações de obras ou teorias elaboradas pelos estudiosos pertencentes a cada uma das instituições na jurisprudência das principais Cortes Constitucionais ou Superiores a nível mundial. A investigação demonstra desta forma ter também um objetivo prático, pois os resultados poderão inclusive conduzir a um *ranking* global das Universidades com base neste parâmetro.

Por outro lado, sob o plano da mera especulação científica, a análise buscará aprofundar-se nos motivos do fenômeno da circulação. Isto pode explicar-se só com base no elemento linguístico? A ele há que adicionar também razões de hemegonia cultural, fenômenos midiáticos, caso fortuito? A organização do sistema educacional, tanto primário como secundário ou universitário, incide sobre a maior ou menor difusão de certa doutrina?

Para responder a tais perguntas, o projeto é apresentado por um grupo de investigação multidisciplinar. A maioria são juristas comparativistas, mas não faltam cientistas políticos, historiadores, linguistas e sociólogos, que seguramente farão sua contribuição de conhecimento especializado na interpretação dos dados colhidos.

Cada Unidade desenvolve uma projeção da jurisprudência constitucional e da legitimidade de cada país, catalogando as citações segundo os aspectos estabelecidos. Cada Unidade apóia-se também nos correspondentes estrangeiros na atividade de investigação empírica. Sucessivamente cada Unidade elabora um ou mais trabalhos de sínteses e comparação que constituirão a base para a contribuição final.

Serão analisadas as sentenças das Cortes Constitucionais e Supremas de ordenamentos "líderes" e de ordenamentos presumidamente "receptores" pertencentes a diferentes partes do mundo, a distintas "famílias" jurídicas e a diversas culturas e línguas.

Há mais de duzentos anos da independência, a América Latina parece haver empreendido um caminho em contrasentido e de por si parcial resistência aos fenômenos da globalização. Considerada por signos como um emblema de homogenização econômica e cultural por parte da Europa e dos Estados Unidos, experimenta desde há tempos soluções originais, por um lado, redescobrindo e tutelando as antigas raízes, por outro, propondo estruturas jurídicas nem sempre submetidas aos estilos liberal-democráticos, alimentados pelas doutrinas conformistas e pouco atentas à diversidade.

Por isso também representa de forma emblemática um modelo que permite aos estudiosos do Direito Público

Comparado averiguar os pressupostos teóricos da matéria, oferecendo elementos para considerações sobre o desenvolvimento do constitucionalismo daquele continente, com referência a vários problemas.

Referem-se à importação de modelos em suas diversas formas (recepção, impostos, etc.), as contribuições originais e o processo de exportação dos mesmos, assim como a relevância e em alguns casos o renascimento do direito indígena, e as soluções para sua "compatibilização" com o constitucionalismo ocidental.

Como Portugal e a Espanha na Europa, a América latina representa um conjunto de recepções de institutos de outros sistemas, especialmente da Espanha e de sua Constituição de Cádiz ou dos Estados Unidos da America (recepções muitas vezes não completamente bem sucedidas), e de Portugal e da sua Constituição de 1820, e soluções originais. Desde a Europa, chegam influências e modelos estratégicos sobretudo (mas não só, obviamente) no âmbito do direito privado, com a adoção do modelo de Código, imitado do sistema napoleônico por meio da obra de autores como ANDRÉS BELLO, VÉLEZ SÁRSFEILD, TEIXEIRA DE FREITAS, etc. Dos Estados Unidos, imitam-se os três pilares robustos do constitucionalismo contemporâneo: o presidencialismo, o federalismo e a justiça constitucional.

A originalidade do constitucionalismo latinoamericano – tal que deveria chegar os juristas europeus e americanos a refletir sobre a absoluta primazia de seus modelos de referência – traduz-se por sua vez em propostas de grande relevância para a história institucional não só do continente, como também do resto do mundo: pensa-se nos direitos sociais, constitucionalizados pela primeira vez pela Constituição mexicana de 1917, no amparo, no *habeas data*. E, a nível doutrinário, na mesma configuração da ciência do Direito Processual Constuticional, alimentada no México pelos estudos de um grande mestre HÉCTOR FIX-ZAMUDIO e, mais recentemente, por estudiosos das novas gerações como EDUARDO FERRER MAC-GREGOR; Perú – que foi o primeiro país a ter um código especial – sobretudo por DOMINGO GARCÍA BELAUNDE, na Argentina por NÉSTOR PEDRO SAGÜÉS, RICARDO HARO, JORGE R. VANOSSI, VÍCTOR BAZÁN, entre outros, em geral no sul do continente americano por outros inúmeros estudiosos.

Precisamente isto atesta a estreita relação entre doutrina e formantes dinâmicos: legislação e jurisprudência.

Em adição aos pressupostos gerais indicados na introdução geral do grupo de investigação, a Unidade de Bolonha, integrada por um amplo grupo de investigadores estrangeiros, estuda as influências da doutrina dos países colonizados no continente americano, centrando a atenção sobre alguns ordenamentos emblemáticos. Analisam como e em que medida os Tribunais Constitucionais da Espanha e Portugal alimentam doutrinariamente suas próprias decisões, são tomados em

14

consideração três grandes países federais (México Argentina e Brasil: os dois primeiros hispânicos, o terceiro lusófono, aos quais agrega-se a Venezuela), e alguns ordenamentos centralizados, selecionados também em razão das diversas estruturas institucionais: Chile, Colombia, Equador, El Savador, Perú, Republica Dominicana. Na seleção, levou-se em conta a relevância que reveste em alguns deles o direito indígina (com os problemas de interculturalidade que ele representa, e então da utilização de ciências não jurídicas para resolver os conflitos). Alguns desses países criaram, na última década, um verdadadeiro Tribunal Constitucional, em outros operam Cortes Supremas. Em todos, uma investigação preliminar já efetuada, certifica uma larga utilização de citações doutrinárias nas sentenças constitucionais, e já surgiu dados interessantes relativos às influências culturais que prevalecem nos distintos setores de intervenção. Também analisa-se a jurisprudência da Corte Interamericana de Direitos Humanos, como tribunal "de síntese" das procedências culturais de toda a área interessada.

Desde um ponto de vista operativo, cada coordenador "nacional" organizou um grupo de investigadores e alunos de graduação, mestrado e doutorado que analisou os últimos 10 anos de jurisprudência constitucional de cada país, criando um arquivo de todas as sentenças que incluem uma ou mais citações de doutrinas do país e estrangeiras.

Cada grupo ilustra desde uma perspectiva histórica as influências jurídico-culturais do país, e desde uma ótica socio-jurídica a estrutura das Cortes e Tribunais (composição, origem, formação dos magistrados, estilo das sentenças, entre outras). Em seguida, a jurisprudência dos últimos dez anos é analisada sob os seguintes perfis: quantativo (quantas são as citações a respeito das sentenças analisadas); da origem (citações "nacionais" e "estrangeiras", também para valorar a circulação das ideias, com precisão dos países, escolas, universidade a que pertencem); cultural/técnico (citações de clássicos e contemporâneos, sobre as raízes filosóficas e sobre os pontos técnico-jurídicos); material (segundo trata-se de questões processuais, direitos e liberdade, direito civil, direito penal, direito internacional e etc).

Em cada livro, ademais de um prefacio metodológico e uma introdução geral a cargo do coordenador -geral , está incluído um capítulo com a análise cronológica de citações doutrinárias, e logo um ou mais capítulos onde se analisam os aportes doutrinários desde os perfis indicados. Finalmente, cada libro "nacional" tem um capítulo de conclusões.A investigação dá como resultado uma colecçao de livros ou volumes sobre as relações entre formante cultural e formantes dinâmicos. Este primeiro livro trata dois países e dois constitucionalismos-Portugal e Brasil,- e está publicado na Itália e no México.

Capítulo I

A doutrina na jurisprudência dos Tribunais Constitucionais (e a falta de doutrina sobre a doutrina)

Lucio Pegoraro

Como recorda-nos R. C. VAN CAENEGEM[1], no continente europeu, desde os princípios do atual milenio os professores foram os verdadeiros artífices das grandes construções jurídicas. A codificação os subtraiu o poder de decidir, que antes tinha, mas não aquele de comentar, criticar, sistematizar, influir, aconselhar; muitas vezes são nomeados para o Governo e o Parlamento, ou Cortes supremas ordinárias, administrativas ou constitucionais. As decisões são anônimas, não são os juízes singulares os que produzem o Direito, inclusive quando lhes permite ter uma opinião dissidente. Não existe uma fissura entre academia e formantes dinâmicos (aqueles que produzem diretamente o Direito autorizado: sempre, a legislação; no *common law* e, segundo alguns, também no *civil law* pelo menos para as

---

[1]

 Judges, Legislators and Professors. Chapters in European Legal History, CambridgeUn. Press., Cambridge, Mass., 1987, espec. cap. I.

sentenças Constitucionais estimatórias, a jurisprudencia; as vezes, a doutrina, como no Direito romano ou no Islam), senão só uma diversa percepção dos papéis[2].

Em muitos casos, os professores se autopercebem exegetas do Direito legislativo ou jurisprudencial, e produzem obras onde o Direito por eles ilustrado é aquele editado pelo legislador ou pelas Cortes (especialmente as constitucionais). As vezes, intentam reconstruir os sistemas, oferecendo interpretações ou visões globais (que podem não ter em conta o que dizem os legisladores e juízes). Mas em sua maior parte, participam da produção do Direito, inserindo-se com suas obras no debate jurídico em curso, padronizando os formantes e enfatizando de maneira análoga as leis, sentenças e doutrina.

Em particular, no Direito constitucional, legisladores e juízes "usam" (ainda que não sempre) os professores, e estes fazem referencia àqueles (sempre). Os professores fazem sempre de modo explícito, enquanto os legisladores e juízes prevalentemente de modo críptico, ainda que em certas ocasições de maneira evidente. Neste esquema (muito resumido) os comparatistas têm uma vantagem: os estudiosos do Direito

---

2

¹ Em outras palavras, por "formantes ativos" o "dinâmicos" entendo o conjunto de fenômenos jurídicos – atos ou fatos – que diretamente produzem direito, que junto com a doutrina (ou mais em geral com a "cultura"), e com outros formantes explícitos ou não verbalizados (los criptotipos) concorrem para construir os ordenamentos.

positivo, os legisladores e os juízes *nacionais* interagem entre eles (em distinta medida e com diferente peso de uns em relação aos outros), dentro de qualquer ordenamento, mas não têm os instrumentos para interagir fora do mesmo. Os filósofos, os historiadores, os estudiosos de doutrinas políticas, os teóricos, asseguram a indispensável conexão entre os fatos e sua reconstrução e sistematização. Mas só os compartistas asseguram no formante doutrinário o conhecimento vertical (entre doutrina, legislação e jurisprudencia), como o horizontal (entre ordenamento e ordenamento), começando pelos dados positivos – os direitos pelo que são, segundo a lei, a jurisprudência e a doutrina –, mas conectando-os e abstraindo classificações e modelos. Portanto, uma vez concluido o trabalho, os que se valem de sua obra, não são só os professores, mas também os formantes dinâmicos.

No marco do debate geral (antigo e ainda vivo) sobre os transplantes[3], muitos investigadores estudaram o uso do Direito

---

3

[3] Ver em particular A. WATSON, *Legal Transplants: An Approach to Comparative Law*, Scottish Academic Press, Edimburgh, 1974, 2ª ed., Un. of Georgia Press, Athens, 1993 [segundo este Autor, «If the *rules* of (…) two countries are already similar (…) it should be no obstacle to their unification or harmonisation that the legal *principles* involved come ultimately from different sources. (…) It is scholarly law reformers who are deeply troubled by historical factors and habits of thought. Commercial lawyers and businessmen (…) do not in general perceive differences in habits of thought, butonly – and often with irritation – differences in rules»], y P. LEGRAND, un famoso artículo que niega totalmente la posibilidad de transplantes, anclándose sobre todo en el rol disuasorio de la cultura, que, diversamente de las normas, no puede ser "comprensiblemente" transplantada, porque en contextos diversos cualquier ley será siempre una ley diversa: vid."The Impossibility of Legal Transplants", in *Maastricht journ. eur. and comp. law*, n. 4, 1997, pp. 111 y ss., y en *Ankara L.R.*, n. 2, 2007, pp.

Comparado na jurisprudência: preferentemente no campo do Direito civil[4], mas incluído no Direito Público/Constitucional[5]; outros o uso do Direito comparado na legislação, inclusive constitucional e nos processos constituintes[6]. A sociología jurídica (e os comparatistas), ainda raramente, se ocupa também das

---

177 y ss.

4

[1] Os livros e artigos mais importantes são: F. WERRO, "La jurisprudence et le droit comparé", en Aa.Aa, *Perméabilité des orders juridiques*, Publ. de l'Isdc, n. 20, Zürich, 1992, pp. 165 y ss.; M.R. LEGEAIS, "L'utilisation du droit comparé par les tribunaux", en *Rev. int. dr. comp.*, n. 2, 1994, pp. 347 yss.; M. TARUFFO, "The Use of Comparative Law by Courts", en Aa.Vv., *Italian Reports to the XIVth Congress of Comparative Law*, Giuffrè, Milano, 1994, pp. 51 y ss.; U. DROBNIG, S. van Erp (eds), *The Use of Comparative Law by Courts.Actas del XIV Congrès international de droit comparé*, Kluwer Law Int., The Hague-London-Boston, 1999; A. Somma, *L'uso giurisprudenziale della comparazione nel diritto interno e comunitario*, Giuffrè, Milano, 2001; Aa.Vv., *L'uso giurisprudenziale della comparazione giuridica*, Quad. Della Riv. trim. dir. proc. civ., n. 7, Giuffrè, Milano, 2004;G. Canivet, M. Andenas, D. Fairgrieve (eds), *Comparative Law Before the Courts*, British Institute of International and Comparative Law, London, 2004; B. Markesinis, J. Fedtke, *Giudici e diritto straniero. La pratica del diritto comparato*, trad. it., il Mulino, Bologna, 2009.

5

[1] Entre eles: M.-C. Ponthoreau, *La reconnaissance des droits non écrits par les cours constitutionnelles italienne et français. Essai sur le pouvoir créateur du juge constitutionnel*, Èconomica, Paris, 1994, pp. 165 yss.; Id., "Le recours à 'l'argument de droit comparé' par le juge constitutionnel. Quelques problèmes théoriques et tecniques", en F. Mélin-Soucramanien (al cuidado de), *L'interprétation constitutionnelle*, Dalloz, Paris, 2005 ; G.F. Ferrari, A. Gambaro (coord.), *Corti nazionali e comparazione giuridica*, Esi, Napoli, 2006 e *ivi*, pp. 477 y ss., L. Pegoraro, "L'argomento comparatistico nella giurisprudenza della Corte costituzionale italiana"; Id., *La Corte costituzionale italiana e il diritto comparato: un'analisi comparatistica*, Clueb, Bologna, 2006; Id., "La Corte costituzionale e il diritto comparato nelle sentenze degli anni '80", en *Quad. cost.*, n. 3, 1987, pp. 601 y ss.; L. Pegoraro, P. Damiani, "Il diritto comparato nella giurisprudenza di alcune Corti costituzionali", en *Dir. pubbl. comp. eur.*, n. 1, 1999, pp. 411 y ss., trad. ingl. "Comparative law in the judgments of Constitutional Courts", en A. M. Rabello, A. Zanotti (eds), *Developments in European, Italian and Israeli Law*, Giuffrè, Milano, 2001, pp. 131 y ss., trad. esp. "El Derecho comparado en la jurisprudencia de los Tribunales constitucionales, en *Rev. Jur. Castilla-La Mancha*, n. 26, 1999, pp. 209 y ss. y en L. Pegoraro, *Ensayos sobre justicia*

citações dos professores nas obras doutrinárias.[7]

Então há obras sobre circulação *infra*-formantes (legisladores/legisladores, cortes/cortes, doutrina/doutrina); obras inter-formantes (cortes/legisladores e legisladores/cortes), em particular sobre o uso por parte das Cortes de direito estrangeiro

---

constitucional, la descentralización y las libertades, Porrúa, Ciudad de Mexico, 2006, pp. 145 y ss.; D. Maus, "Le recours aux précedents étrangers et le dialogue des cours constitutionnelles", en *Rev. fr.dr. const.*, n. 2, 2009, pp. 675 y ss.; N.P. Sagües, "El recurso al derecho y al intérprete externo en la interpretación e integración de la Constitución nacional", en *Memoria del X Congreso iberoamericano de Derecho constitucional*, tomo I, Lima, Puc-Apdc, 2009, pp. 95 y ss.Por último T. Groppi, M.-Cl. Ponthoreau (eds), *The Use of Foreign Precedents by Constitutional Judges*, Hart publ.,Oxford, 2013.

    Na doutrina anglosaxão, seja civilista seja constitucionalista, *vid.* Aa.Vv., "The International Judicial Dialogue: When Domestic Constitutional Courts Join the Conversation", en *Harvard L.R.*, n. 114, 2001, pp. 2049 y ss.; A.-M. Slaughter, "40th Anniversary Perspective: Judicial Globalization", en *Virginia journ. int. law*, n. 40, 2000, pp. 1103 y ss.; Id., "A Typology of Transjudicial Communication", en *Un. of Richmond L.R..*, n. 29, 1994, pp. 99 y ss.; Id., "A Global Community of Courts", en *Harvard int. L.J.*, n. 44, 2003, pp. 191 y ss.; Cl. L'Heureux-Dubé, "The Importance of Dialogue: Globalization and the International Impact of the Rehnquist Court", en *Tulsa L.J.*, n. 34, 1998, pp. 15y ss.; M. Claes*et al.* (eds), *Constitutional Conversations in Europe. Actors, Topics and Procedures*, Intersentia, Cambridge-Antwerp-Portland, 2012.

6

[7]   Por exemplo, L. Scaffardi (ed.), *Parlamenti in dialogo. L'uso della comparazione nella funzione legislativa*, Jovene, Napoli, 2011, e C. Decaro, N. Lupo (eds), *Il "dialogo" tra parlamenti: obiettivi e risultati*, Luiss U.P., Roma, 2009. Acerca las recepciones constitucionales véase por ej. el n. 3/2008 de la *Revista General de Derecho público comparado*, con las comunicaciones presentadas en el Congreso celebrado en Caserta el 29-30 de mayo de 2008: "2007-2008. Buon compleanno, Costituzioni (La circolazione di principi e istituzioni tra Europa e America: influenze reciproche tra le Costituzioni di Stati Uniti, Messico, Brasile, Italia, Francia, Spagna)". Y también, entre otros, L. Pegoraro, "Il diritto comparato e la Costituzione spagnola del 1978: recezioni ed 'esportazioni'", en F. Fernández Segado (ed.), *The Spanish Constitution in the European Constitutional Context – La Constitución Española en el Contexto Constitucional Europeo*, Dykinson, Madrid, 2003, pp. 523 y ss., trad. sp. "El Derecho comparado y la Constitución española de 1978. La recepción y la 'exportación' de modelos", en *An. iberoam. just. const.*, n. 9, 2005, pp. 287 y ss., y en L. Pegoraro, *Ensayos sobre justicia constitucional, la descentralización y las libertades*, cit., pp. 29 y ss.; Id., *Il diritto comparato nel dibattito sulle proposte di riforma*

em geral, inclusive de leis e sentenças; contudo, ninguém – pelo que é do meu conhecimento (mas posso estar equivocado) – ocupou-se, aplicando a verificação empírica, de um aspecto particular da "circulação vertical entre os formantes". Ou seja, como a doutrina afeta ao legislador e, a estes efeitos, à jurisprudência.

Contudo, o tema é importante desde vários ângulos, porque permite:

a)   estudar o *reasoning* das distintas Cortes e Tribunais constitucionais também sob este particular perfil, para aprofundar sobre como se forma e se justifica o pensamento dos juízes (seja na opinião da maioria, seja na *concurring o dissenting opinions*, de onde se admite);

b)   verificar se e em que modo o pensamento das Cortes e de cada um dos juízes teme em consideração estudos sobre matérias diversas do Direito (como a psicologia, a medicina, a antropologia, etc.), ali onde a solução dos casos necessita dos aportes de ciências não-jurídicas, ou de "mediações culturais", ademais, se são, e quais são, as correntes e as obras de Filosofia, Doutrina

costituzionale in materia di decentramento territoriale, en *Il diritto della regione*, n. 5-6, 2007 (ed. 2009), pp. 59 y ss. y en *Studi in onore di L. Arcidiacono*, Giappichelli, Torino, 2010, vol . V, pp. 2465 y ss.

7

  Por ex., B. Markesinis, *Comparative Law in the Courtroom and Classroom. The story of the Last Thirty-Five Years*, Hart Publ., Oxford-Portland, 2003.

política, Teoria geral de Direito que explícitamente dão fundamento a uma argumentação;

c)   raciocinar sobre a formação jurídica dos juízes constitucionais (ao menos ali onde seja possível imputar uma referência doutrinária a um juiz específico, o que não é sempre fácil devido às decisões da maioria; em particular se existe nexo entre extrato acadêmico, forenses, administrativo ou político e abertura ao Direito estrangeiro);

d)   sobretudo, entender quais são os fluxos de ideias entre os distintos ordenamentos: quem recebe, quem exporta, quais são as *doutrinas* que se impõem mais e de onde veem, em relação a que setores (no Direito civil, constitucional, administrativo, penal, etc); se existe continuidade ou não com a história jurídica de algum país (por exemplo, quanto conta hoje a doutrina de um país colonizador no Estado antes colonizado e agora independente); em que medida a barreira linguística representa um freio na circulação de ideias;

e)   finalmente, desde um perfil prático, atualizar o *ranking* de Universidades e de escolas: muitas Universidades vivem da fama devida mais a uma história antiga e gloriosa que a efetiva influência no pensamento do mundo globalizado: por quanto tempo será válido este discurso? E, a nível individual, são mais citados os grandes do passado, os clássicos, os mais recentes ou o contemporâneo? Quais são (e onde lecionam) os professores que mais influem sobre as decisões das cortes constitucionais, nos distintos setores do Direito (ademais da Filosofia)?

Outras perguntas poderiam ser formuladas, no âmbito da Sociologia do Direito (por exemplo se poderia medir a presença feminina nas citações). Assim teria grande interesse um estudo dinâmico sobre as transformações na mentalidade dos juízes, ou sobre como algumas escolas suplantam a outras no transcurso do tempo, e como alguns estudiosos se afirmam enquanto outros são esquecidos.

A resposta a estas interrogações poderia provavelmente afirmar a validade da tese da decomposição ou separação dos formantes, proposta por SACCO e sua escola, e a impossibilidade de ler o Direito comparado de uma maneira compacta e homogênea, como frequentemente continua-se a ler os Direitos positivos nacionais[8].

A ideia dominante no jurista que opera no interior de cada um dos ordenamentos é buscar "a isolada verdade jurídica, a que

---

8

  [1] "Dissociação entre formates" alude, portanto, o fenômeno pelo qual regras legais, principios e aplicação jurisprudencial, opiniões doutrinárias não convergem até o mesmo êxito.

25

tem sua fonte na lei e que vem fielmente reconstruída pela doutrina e aplicada pela jurisprudencia"[9], em outras palabras, o principio da *unidade da regra do direito* gera no jurista o convencimento de que a regra legal, a regra doutrinária e a regra jurisprudencial têm o mesmo conteúdo e são, por isso mesmo, intercambiáveis. Onde fosse percebida uma deformidade, esta seria imputável a um erro do intérprete.

Agora, este *iter* lógico, observa SACCO, não é suscetível de estender-se à análise comparativa do direito. O compartista que se coloca frente ao direito estrangeiro não tem o pleno domínio dos instrumentos culturais e jurídicos para descartar possíveis interpretações equivocadas; mas bem, a consideração de outros sistemas jurídicos mostra como os formantes, no interior de cada sistema, se comportam de maneira distinta[10]. A comparação não pode limitar-se a confrontar só as leis e o uso das decisões jurisprudenciais sem o conhecimento dos dados oferecidos pelo contexto; como por exemplo, as tendências da jurisprudência; as diversas concepções às quais a jurisprudência está sujeita, ou as orientações dominantes na doutrina.

Como recorda BUSSANI e MATTEI "a list, even an exhaustive one, of all the reasons given for the decisions made by the courts is not

---

[9] R. Sacco, *Introduzione al diritto comparato*, cit., p. 45.

[10] R. Sacco, *Introduzione al diritto comparato*, cit., p. 47.

the entire law. Neither are the statutes the entire law, nor are the definitions of legal doctrines given by scholars. In order to know what the law is, Sacco's reasoning continues, it is necessary to analyze the entire complex relationship among what he calls the 'legal formants' of a system. (…) All these formative elements are not necessarily coherent with each other within each system"[11].

Na construção do Direito, a doutrina contribui para alimentar os formantes dinâmicos, mas hoje em dia, no mundo ocidental, não produzem diretamente e com autoridade direito. Contudo, nem sempre foi assim no passado, nem é assim em todas as partes hoje em dia. Portanto, se deve ter muito cuidado em distringuir os formantes ativos ou dinâmicos dos outros, e retirar da visão do positivismo legislativo – bardo de "unidade da regra" – a favor de uma visão (inclusive positivista) do direito que atribui a cada um o seu próprio papel, de acordo com os tempos e lugares.

Como se observa, a distinção entre formantes ativos e os outros é uma variante de famílias e épocas: só na interpretação *juriciste* do positivismo legislativo a lei é a única fonte, o juiz *bouche de la loi*, a doutrina o conjunto de comentaristas.

«A system's legal formants» –notan de Nuevo los

11

¹ M. Bussani, U. Mattei, "The Common Core Approach to European Private Law", en *Columbia law journ. eur. law*, n. 3, 1997, p. 339; R. Sacco, "Legal Formants: a Dynamic Approach to Comparative Law", en *Am. journ. comp. law*, 1991, vol. 39, n. 2, pp. 343 y ss; Id., *Introduzione al diritto comparato*, 5ª ed., Utet, Torino, 1992, pp. 43 y ss.

autores antes citados– are usually conflicting and can better be pictured in a competitive relationship with one another. For example, we must not only know how courts have acted but we must also consider the influences to which the judges may be subject. Such influences may have a variety of origins. They may arise because scholars have given wide support to a doctrinal innovation, but they may also concern the judge's individual background. A judge appointed from an academic position will likely tend to put more stress on scholarly opinion than a judge who has always practiced law. The actual text of a statute is another of these influences. (…) All this, however, may still be insufficient to understand the law in a given system»[12].

A doutrina, uma vez mais, pode influenciar aos que tomam decisões imperativas. O problema é: quanto e como afeta as decisões das pessoas do poder político e, pelo que aqui interessa, as dos juízes em geral, e dos juízes constitucionais em particular?

Há ordenamentos em que os tribunais normalmente se fortalecem com seus próprios argumentos com referência expressa a monografias, artigos, ensaios de diversa índole, artigos de enciclopédia, e inclusive de teses de doutorado (este é o caso, para citar alguns exemplos, do Canadá e Suíça); e há sistemas em que se considera, se não um sacrilégio, pelo menos inútil para os fins do juiz: por exemplo, a ausência de referências doutrinárias na jurisprudência da Corte Constitucional italiana pelo influxo de

---

12

[1] M. Bussani, U. Mattei, "The Common Core Approach to European Private Law", cit., pp. 339 y ss.

específicas disposições de leis[13] ou da *praxis* que proíbe citar doutrina jurídica nas sentenças, disposições que condicionam aos juízes – inclusive os constitucionais, à causa do *continuum* entre a jurisprudência ordinária e a jurisprudência constitucional – na busca dos materiais selecionados para a solução de um caso (França, Espanha). A proibição alija o juiz, uma vez imerso na profissão, dos estudos teóricos realizados na Universidade os quais prestam bastante atenção à doutrina, e o induz a buscar dentro da casuística o precedente útil.

Ademais do estilo tradicional das sentenças, a abertura não só da doutrina interna, mas também da estrangeira que se atribui aos fenômenos objetivos (globalização da lei), senão também subjetivos, relacionados com a seleção dos juízes como uma pessoa que agora viaja mais e faz estágios em prestigiosas universidades, de onde regressa tomando as pautas legais e atitudes.

Nas diversas faculdades de direito no mundo em que formam os juízes frequentemente existe a afirmação de orientações doutrinárias diferentes. A cultura jurídica do juiz, em outras palavras, pode variar de acordo com o lugar em que se encontra, principalmente a sua formação, mas também, no caso

---

13

[¹] Na Italia, se trata do art. 118 das disposições de atuação do Código Processual Civil. Sobre sua origem v. G. Gorla, "I 'Grandi Tribunali' italiani fra i secoli XVI e XIX: un capitolo incompiuto della storia politico-giuridica d'Italia", en *Quad. de Il Foro it.*, 1999, col., pp. 639 y ss.

do Direito Comparado, na que tenha estudos e especializações frutíferas[14].

Todo o anterior põe de manifesto a importência de um estudo sistemático sobre a relação entre a doutrina e a jurisprudência no mundo, não limitado a formular hipóteses, ou a expressar meras sensações ausentes de bases científicas, mas com o apoio de dados confiáveis, eleitos e analisados com critérios corretos. Como escrevia em 1987 o autor de *Sherlock Holmes*, sir Arthur Conan Doyle, de fato, "É um grave erro formular hipóteses antes de ter todos os dados".

---

[14]

[1] Remeto ao meu artigo "Derecho Nacional, Derecho Internacional, Derecho Europeo: la circulación horizontal y vertical entre formantes", en *An. iberoam. just. const.*, n. 17, 2013, alla *Rev. iberoam. der. proc. const.*, n. 19, 2013, pp. 257 y ss., destinado a las *Actas del V Congreso Nacional de Derecho Constitucional*, México, 7-13 de octubre de 2012.

Capítulo II

Apresentação do método aplicado: as citações doutrinárias em números

André Ramos Tavares
Renato Gugliani Herani

2.1 Método utilizado

O atendimento ao propósito nuclear da pesquisa – a análise quantitativa e qualitativa da doutrina na jurisprudência constitucional brasileira[15] – demandou, antes de tudo, a *identificação do objeto de investigação*. Passo necessário para, a partir da sua definição, proceder-se a *coleta ordenada dos dados* pertinentes aos aspectos da abordagagem pretendida.

Foi necessário, para tanto, apoiar-se em ferramentas científicas metodologicamente adequadas para o ordenado levantamento de dados. Recorremos, então, à estatística. Na exata medida em que nos oferece um "conjunto de métodos e processos quantitativos que serve para estudar e medir os fenômenos

---

15

[1] Aqui, pressupomos correta a avaliação de ROBERT ALEXY (2008, p. 34) de que: "A dimensão empírica não se esgota com a descrição do direito nas leis, pois inclui também a descrição e o prognóstico da práxis jurisprudencial, ou seja, não só direito legislado, mas também direito jurisprudencial".

coletivos ou de massa" (COSTA, 2011, p. 1), foi indispensável para nortear a pesquisa em seus primeiros movimentos. Desde logo é importante registar que, realizada por juristas, não há qualquer pretensão de transformar a pesquisa em estudo estatístico específico, nos termos comumente utilizados por especialistas desta seara. Apenas buscou-se nos conceitos básicos da estatística o norte necessário para a delimitação mais precisa do objeto de análise, utilizando-se, assim, de elementos como população, amostra e variáveis[16].

A população estatística desta pesquisa é constituída por *todas as decisões extintivas (terminativas ou definitivas) proferidas pelo Supremo Tribunal Federal em controle concentrado de constitucionalidade.* Muito embora, em regra, as amostras estatísticas são selecionadas por sorteio ou aleatoriamente, aqui há direcionamento dos interesses para o comportamento da doutrina nos últimos cinco anos de decisões do STF. Por isso, *a amostra foi definida pelo critério temporal, considerando o período de 2008 a 2012.*

Tomou-se também um critério material de seleção da amostra. Foram consideradas para análise as decisões extintivas

---

16

    ¹ População "é o conjunto de elementos portadores de pelo menos uma característica comum de interesse para ser estudada estatisticamente"; amostra "é um subconjunto finito da população, selecionado adequadamente para representa-la"; variável "é uma característica de interesse que associamos à população para se estudada estatisticamente"; fases do método estatístico " (COSTA, 2011, p. 2).

de ações constitucionais que compõem, no sistema brasileiro, o *sistema de controle judicial concentrado de constitucionalidade*, quais sejam: ação direta de inconstitucionalidade, prevista no art. 103 da CF/88, nas modalidades comissiva (ADIn) e omissiva (ADO); arguição de descumprimento de preceito fundamental (ADPF), prevista no §1º, do art. 102, da CF/88; e ação declaratória de constitucionalidade (ADC), com fundamento no art. 103 da CF/88.

Os dados relevantes na catalogação das citações doutrinárias foram obtidos a partir da atenção a alguns atributos qualitativos definidos com base nos propósitos da pesquisa. Assim, os dados foram coletados segundo a demanda de identificação: (a) *das decisões com citações doutrinárias* (aqui denominadas *decisões doutrinárias*); (b) *dos tipos de citação doutrinária* nelas identificados; (c) *dos autores das citações doutrinárias,* logo, dos julgadores que proferiram as decisões; (d) e *dos autores citados* nas decisões. Cada atributo deste delimitou um grupo de análise, cujos dados serão avaliados no capítulo seguinte. Por ora, com isenção crítica, segue a descrição dos dados alcançados e algumas das deduções deles decorrentes.

2.2 Identificação das decisões com citações doutrinárias

O primeiro desafio da pesquisa foi delimitar a amostra das

decisões doutrinárias[17] analisáveis no universo de todas as já proferidas pelo Supremo Tribunal Federal em controle concentrado de constitucionalidade. Como já pontuado, dada a grande quantidade de decisões, isolamos as proferidas entre 2008 e 2012, totalizando a amostra de 571 decisões extintivas analisáveis[18], entre as diversas ações em controle concentrado de constitucionalidade.

Este total representa 17,32% de 3.297 decisões extintivas já proferidas pelo STF, desde a promulgação da Constituição vigente até 2012, em controle concentrado de constitucionalidade. É importante dizer que estas decisões, o *locus* de observação das citações doutrinárias, consubstanciam, em regra, acórdãos[19], os quais reúnem as conclusões, vale dizer, os votos de cada Ministro, e aqui interessa-nos os que contém citações doutrinárias, ou seja, *votos doutinários.*

17

     ¹ No Supremo Tribunal Federal, os casos em controle de constitucionalidade seguem uma padronização de identificação. Cada ação judicial é identificada segundo o seguinte padrão: "sigla da ação", seguido do "número da ação", acompanhado do sinal "/", com a sigla do Estado Federativo referente ao objeto da ação, ex. ADI 3.510/DF.

18

     ¹ A relação de todas as decisões analisadas está no Anexo I.

19

     ¹ "Na tecnologia da linguagem jurídica, acórdão, presente do plural do verbo *acordar*, substantivo, quer dizer a *resolução* ou *decisão* tomada coletivamente pelos tribunais. A denominação vem do fato de serem todas as sentenças, ou decisões proferidas pelos tribunais, na sua conclusão definitiva e final, precedidas dos verbo *acordam*, que bem representa a vontade superior do poder, ditando o seu veredicto" (SILVA, D. P., 2002, p. 33).

É importante dizer que, em muitos dos acórdãos constam não só os votos, como também a transcrição dos debates em Plenário. Nesse caso, consideramos para efeito de cômputo de citação, as invocações doutrinárias durante estes debates. No entanto, nem toda a amostra de decisões extintivas compõe-se de acórdãos. Há também as decisões extintivas terminativas proferidas nos casos de inadmissibilidade das ações de acordo com art. 4º das Leis n. 9.868/99 e 9.882/99.

Há outra consideração importante para o cômputo dos dados mais adiante expostos. Não é rara a reunião de ações para um único julgamento[20]. Nesse caso, muito embora tenha sido lavrado um acórdão, multiplicamos as citações doutrinárias encontradas pelo número de ações julgadas em conjunto. Entendemos mais apropriada tal postura, pois o ponto de referência adotado não é o acórdão em si, mas a solução dada por ele às ações julgadas.

Feitas as pontuações preliminares, prossegue-se com as exposições dos dados coletados.

O 1º gráfico fornece uma visão inicial geral que inclui o universo de decisões extintivas proferidas pelo Supremo Tribunal Federal entre 1988 e 2012. Explicita a participação de cada espécie de ação em controle concentrado no universo de decisões

---

[20]

' Exemplo de ações julgadas em conjunto: ADI's 2415/SP, 2419/SP, 2476/SP.

proferidas.

Observa-se que há significativa diferença quantitativa de decisões entre as ações em controle concentrado de constitucionalidade. A absoluta maioria das ações são diretas de inconstitucionalidade. Estas representam 94,81% do total das ações já julgadas pelo STF entre 2008 e 2012. Há um flagrante desequilíbrio na utilização das ações, demonstrando não haver dúvida de que, no Brasil, muito embora lhe seja peculiar a diversificação de ações em controle concentrado (diferentemente do que ocorre em outros países, sobretudo, latino-americanos), a prática não demonstra um equilíbrio de demandas.

Com a delimitação das decisões analisáveis, o passo seguinte foi identificar aquelas em que constam citações doutrinárias. Cabe, aqui, salientar que apenas foram consideradas as citações constantes da *fundamentação da decisão extintiva*. Por decisões judiciais extintivas entende-se, para fins desta pesquisa, o ato do juiz que põe termo ao processo, decidindo, ou não, o mérito da causa. Contem, em regra, os seguintes requisitos essenciais: (a) *relatório*, que relata a suma do pedido, do objeto da causa e das manifestações das partes, incluindo o registro das principais ocorrências durante o processo; (b) *fundamentos*, é a parte em que o juiz analisa as questões de fato e de direito, certo que, em controle concentrado, constituem-se, sobretudo, das razões jurídicas de sustentação da (in)constitucionalidade do ato normativo analisado; (c) *dispositivo*, é aqui que o juiz infere, é dizer, pronuncia o resultado da análise realizada, declarando ou não a (in)constitucionalidade do objeto controlado, bem como anuncia a técnica de pronúncia adotada e os efeitos do vício eventualmente reconhecido.

Há casos em que, no relatório, ao transcrever parte dos argumentos deduzidos pelos postulantes, o julgador selecionou trechos das argumentações em que constam citações doutrinárias. Estas não foram consideradas, pois o objetivo principal é investigar a influência das citações doutrinárias na motivação das decisões.

No entanto, estando na fundamentação, as citações insertas em outras citações foram computadas. Não é raro ocorrer de o Ministro trazer a citação doutrinária ou mesmo um precedente judicial cujo trecho destacado contenha, nele, uma citação. Nesse caso, esta última foi considerada, independentemente da citação na qual encontra-se inserida[21].

A par disso, detectamos ao todo 111 decisões doutrinárias, o que representa 19,44% do total do objeto analisado, ou seja, pouco menos de 1/5 das decisões extintivas proferidas em controle concentrado de constitucionalidade entre 2008 e 2012.

É importante observar que, para se chegar a este número

21

¹ Exemplos, vide ADI 484, voto Min. Cármen Lúcia; ADI 875, voto Min. Gilmar Mendes, p. 234.

de decisões com citações doutrinárias, não procedemos, necessariamente, à leitura das 571 decisões julgadas entre 2008 e 2012. O primeiro critério de seleção foi observar a indexação de cada ação judicial disponibilizada no sítio eletrônico do STF: se havia ou não a indicação de "doutrina" utilizada no voto.

Com isso, este primeiro critério confiou na correção da indexação do STF. Esta informação é relevante porque há, aqui, uma margem consciente de erro, caso tenha havido, o que é possível, falha de indexação, como a que ocorreu, por exemplo, na ADI 4.364, em que houve a omissão de uma citação doutrinária (constou do acórdão, mas não foi indexada). Há também uma margem antecipada de erro em relação ao número de decisões com citação doutrinária em consequência da existência de decisões julgadas entre 2008 e 2012 cujo acórdão ainda não havia sido disponibilizado até o final da coleta de dados[22]. Nestes casos, não levamos em consideração a ação.

A par disso, chama a atenção a diferença de percentual entre as decisões analisadas e as doutrinárias considerando cada espécie de ação constitucional: ADIn´s 20,08%, ADPF´s 17,65%, ADC 71,43% e ADO 0,0%, conforme o 2º Gráfico retrata. Sobre as ações diretas de inconstitucionalidade por omissão cabe uma nota que justifica o baixo número de decisões detectadas. Somen-

---

22

ⁿ São eles: ADC 19/DF; ADI´s 2120/AM, 4424/DF

39

te depois da criação da Lei n. 12.063/09, que introduziu no estatuto processual da ação direta de inconstitucionalidade o Capítulo II-A que trata especialmente da ação direta de inconstitucionalidade por omissão, o STF passou a distinguir, em seu banco de dados, tal modalidade da ação direta comissiva; por isso o baixo registro da omissiva. Corremos o risco de certa imprecisão no levantamento das ADI's e ADO's, na medida em que, até a alteração da sistemática de identificação, as modalidades omissiva e comissiva recebiam a mesma nomenclatura, qual seja, "ADI". Procuramos, aqui, seguir fielmente o banco de dados do STF, por isso não houve a preocupação de peneirar as modalidades antes da referida alteração.

Tal deliberação foi acertada, sobretudo porque há casos em que ou as modalidades se confundem (ex., casos de omissão parcial)[23] ou compõem o mesmo objeto de decisão (cumulação de pedidos), o que tornaria difícil a distinção. Logo, entre as 488 decisões em ADI analisadas e, dentre elas, as 98 com citações doutrinárias, há aquelas proferidas em ação direta de inconstitucionalidade por comissão e por omissão. Não acreditamos, contudo, que tal indistinção tenha prejudicado o resultado da pesquisa, pois, aqui, o que efetivamente interessa são os dados relativos às

---

23

  ¹ "A declaração da inconstitucionalidade da omissão parcial do legislador – mesmo nesses instrumentos especiais, como o mandado de injunção e a ação direta de inconstitucionalidade da omissão – contém, portanto, a declaração da inconstitucionalidade da lei" (ADI 875, voto do Min. Gilmar Mendes).

citações doutrinárias em sua totalidade.

O levantamento das decisões citadas não apenas levou em conta a quantidade por espécie de ação, mas, também, os números identificados entre os tipos específicos de decisão em relação a cada uma das ações. O banco de dados do STF subdivide as decisões em controle de constitucionalidade em quatro categorias de provimento final: (a) *procedentes*: há julgamento de mérito e deferimento integral do pedido; (b) *procedentes em parte*: há julgamento de mérito, sem ocorrer, contudo, o deferimento total dos pedidos; essencialmente, este tipo de provimento é utilizado nos casos em que o objeto de controle não se restringe a um único dispositivo infraconstitucional, o que possibilita o reconhecimento da (in)constitucionalidade de parte dos dispositivos indicados; (c) *improcedente*: há julgamento de mérito e indeferimento integral do pedido; *não conhecidas*: não há julgamento de mérito, pois a ação não se ajustou às exigências processuais para a sua admissibilidade; também enquadrou-se nesta categoria, já que redundam no não-conhecimento da ação, os casos em que o mérito não foi decidido em razão da prejudicialidade declarada, como, por exemplo, nos casos em que há modificação superveniente de caráter substancial do objeto de controle[24], ou revogação do texto normativo controlado

---

[24]

Vide, por exemplo, ADI 3045/DF.

Considerando esta divisão, identificamos, em relação a cada uma das ações constitucionais, como distribuem-se as citações doutrinárias, e chegamos ao seguinte resultado. Finalizamos , assim, as informaçoes pertinentes à identificaçao das decisoes doutrinarias.

2.3 Dados das citações doutrinárias

Muito embora o foco principal da pesquisa sejam exatamente as citações doutrinárias diretas, o levantamento foi além, para não perder a oportunidade de identificar outros tipos de referências doutrinárias.

A Associação Brasileira de Normas Técnicas (ABNT) do Brasil entende por citação a "menção de uma informação extraída de outra fonte" (NBR 10520, 2002, p. 1). Aqui interessa a menção especificamente extraída de fonte doutrinária. O termo doutrina provém do latim *doctrina*, que deriva do verbo *docere* (ensinar). Por fonte doutrinária, aqui, consideramos apenas o resultado de estudos apresentados em livros[25], periódicos científicos[26] e tra-

---

25

¹ "Compreende-se livro um produto impresso ou eletrônico que possua ISBN ou ISSN (para obras seriadas) contendo no mínimo 50 páginas, publicado por editora pública ou privada, associação científica e/ou cultural, instituição de pesquisa ou órgão oficial" (CAPES, 2009).

26

¹ "Um periódico científico é uma publicação seriada, arbitrada e dirigida prioritariamente a uma comunidade acadêmico-científica" (CAPES, 2013).

balhos acadêmicos (monografias, mestrados e doutorados). Assim, toda e qualquer menção extraída destas obras intelectuais foram considerados como citação doutinária.

Nesta categoria, incluímos quatro tipos de citação doutrinária: (a) *citação direta*, que é a "transcrição textual de parte da obra do autor consultado" (NBR 10520, 2001, p. 1); (b) *citação indireta*, "texto baseado na obra do autor consultado" (NBR 10520, 2001, p. 1); (c) *citação genérica ou referencial*, são as menções não ao conteúdo direto ou indireto da obra, mas a esta como fontes consultadas ou remissão a certas partes da obra onde o assunto a que é feita a referência foi abordado[27]; (d) *nome do autor*, muito embora não constitua propriamente uma citação, identificamos os casos em que o julgador faz menção apenas ao nome do doutrinador, sem especificar a sua obra ou trechos dela[28].

A par desta classificação, os dados seguintes levam em consideração variáveis qualitativas inerentes às *citações em si*, ou seja, sem qualquer preocupação com os autores da citação e os autores citados. Com este propósito, foram quantificadas as citações por: (a) *tipologia*; (b) *natureza jurídica ou extrajurídica da obra*; (c) *utilidade do argumento citatório*; (d) e *finalidade do ar-*

---

[27]

ADI 875, voto Min. Gilmar Mendes, p. 274: "Sobre esse conceito, cf. Wolfgang Hoffmann- Riem, Die Beseitigung verfassungswidriger Rechtslagen in Zweiaktenverfahren, DVBl. 1971, p.842".

[28]

Vide ADI´s 2182/DF, p. 189; 484/PR, p. 28; 2937/DF, p. 29.

gumento citatório.

Os dados inerentes à *tipologia* revelaram que as citações diretas são as mais utilizadas entre os julgadores, com a representação de 55,56% entre as 1.242 referências doutrinárias encontratadas, e a menos utilizada é a citação por nome do autor.

Esta última modalidade a encontramos em contextos específicos, tais como: (a) referência a nomes expoentes de autores que marcaram alguma corrente de pensamento[29]; (b) nomes lembrados por sua relevância e notoriedade num determinado campo do conhecimento, em geral, jurídico[30]; (c) os lembrados em referências a certos institutos que lhe seriam credenciados o pioneirismo ou a expoência no estudo[31]; (d) por fim, detectamos também a citação por nome de autor em referência à autoridade de autores

---

29

    ¹ Vide ADI 4.578/DF, voto Min. Gilmar Mendes, em referência a FRANCESCO CARRARA e GIOVANNI CARMIGNANI expoentes da "Escola Clássica" em matéria penal, e ENRICO FERRI e RAFFAELE GAROFALO da "Escola Positiva", e EMANUELE CARNEVALE e VICENZO MANZINI da "Escola Técnico-Jurídica". Vide também ADI 3.330/DF, quando o Min. AYRES BRITTO faz referência às espécies de inteligência, com a citação da "inteligência que os físicos quânticos, a partir de Danah Zohar, chamam de inteligência espiritual".

30

    ¹ Vide ADI 4.578/DF, voto Min. GILMAR MENDES, ao fazer referência a ALEXANDER HAMILTON quando reafirmou o pressuposto contramajoritário das funções inerentes às Cortes Constitucionais: "Isso está, na verdade, já nas lições de clássicos americanos desde Hamilton"; ADI 3.330/DF, voto Min. GILMAR MENDES ao fazer referência à doutrina clássica de THEODOR VIEHWEG.

31

    ¹ Vide ADI 2.182/DF, em que o Min. GILMAR MENDES ao fazer referência à inconstitucionalidade consequencial ou por arrastamento, assim o faz afirmando encontrar tal instituto "fundamento nas lições de Cantolhio e Jorge Miranda".

na abordagem de certos aspectos da decisão[32], a propósito muito recorrente nos trechos de transcrição dos debates.

As citações doutrinárias foram extraídas de obras de cujo conteúdo tratado é inerente à ciência jurídica ou de outros ramos do conhecimento, como, por exemplo, economia, medicina, antropologia, história e etc. Muito embora não seja, muitas vezes, fácil a distinção de certos ramos em relação ao Direito, como é o caso da ciência política e da sociologia, o que demandaria, para uma precisão maior, a análise mais profunda das obras citadas, a classificação tomou como referência apenas o título da obra. Aqueles inerentes aos programas do ensino jurídico foram identificados como *obras jurídicas*, e as demais inerentes aos programas de ensino de outros ramos do conhecimento receberam o rótulo genérico de *obras extrajurídicas*. Assim, os números apresentados revelam que 1.060 citações provém de obras jurídicas e 271 de obras extrajurídicas. É importante dizer que estes números não indicam diferentes obras jurídicas ou extrajurídicas citadas, mas apenas a variação numérica das

---

32

[1] "Se olharmos o texto constitucional, não apenas na série de textos derivados, mas também de textos originários, vamos perceber uma séria de disposições, na linha de José Afonso, os chamados princípios estabelecidos, que formam esse modelo singular brasileiro de federalismo cooperativo" (ADI 3.138/DF, voto. Min. GILMAR MENDES, p. 21); "Mas, posteriormente, daremos destaque, após o voto de Sua Excelência, com o pedido de vista, porque sufrago, inclusive, o entendimento já veiculado por Vossa Excelência com base, inclusive, em lição de Celso Antonio Bandeira de Mello. Não há o saneamento do vício por transformação, pela conversão" (ADI 3.330/DF, manifestação do Min. MARCO AURÉLIO, p. 35).

citações segundo a sua proveniência, muitas delas utilizadas repetidamente pelos julgadores.

A *utilidade do argumento* foi observado no 7º Gráfico a partir de dois critérios segundo a receptividade do julgador: (a) *citação de apoio*; (b) *citação de oposição*.

Aquela identifica as referências doutrinárias que, segundo o contexto de sua utilização na decisão, revelam a concordância do julgador e, por isso, o reforço argumentativo dos posicionamentos incorporados no voto. Algumas expressões utilizadas pelo julgador bem retratam, de forma explicita ou mais contida, esta estrategia argumentativa, tais como, "esse é o entendimento exposto por"[33], "se debruçou sobre a questão, observando com agudeza que"[34].

Já a citação de oposição indica o contrário, a referência doutrinária não é a que concilia-se com a posicionamento assumido pelo julgador, mas é utilizada para estabelecer o debate, ou, conforme HEGEL, a "unidade de contrários", em que entendimentos e desentendimentos são partes integrantes das razões de decisão. A citação de apoio favorece o monólogo e a citação de oposição o diálogo. "Porque diálogo autêntico é uma fala contrária. Entre partes idênticas não há comunicação; há

---

[33]

ADI 4430/DF, p. 141.

[34]

ADI 4414/AL, p. 74.

monólogo, pois duas coisas idênticas são uma só. Para haver diálogo é mister a polarização de interesses contrários (contrariados)" (DEMO, 2009, p. 97).

Os números retratam um cenário de comunicação do Supremo Tribunal Federal com a doutrina, ao menos no que diz respeito ao uso das citações doutrinárias, não de diálogo, mas de monólogo, como perfil predominante nas razões judiciais. A citação de apoio tem uma parcitipação absolutamente majoritária, e por isso sinaliza a falta de diálogo com a doutrina, e o apego a ela pelo argumento de autoridade.

Por fim, analisamos as referências doutrinárias sob a ótica da sua *finalidade* no âmbito dos fundamentos da decisão: ou embasaram as razões de solução de *questões processuais* ou de *questões materiais*. As questões processuais foram assim rotuladas quando inerentes às condições jurídicas de conhecimento ou admissibilidade da ação constitucional (como, por exemplo, as questões que decidiram o prosseguimento ou não da ação em razão da legitimidade ativa e do objeto de controle, a natureza do conflito de inconstitucionalidade, se direito ou indireto, o direito pré-constitucional, a qualidade do objeto de controle, como a verificação da abstração e generalidade do ato normativo, e etc.)[35] , ou mesmo às questões relacionadas à

35

¹ Por isso, todas as citações realizadas na fundamentação do não-conhecimento da ação constitucional foram consideradas de natureza processual.

47

disciplina em si do direito processual constitucional (como, por exemplo, a possibilidade ou não de haver controle de fatos legislativos[36], a natureza jurídica da própria ação constitucional). Já as questões materiais referem-se àquelas pertinentes ao mérito da ação constitucional.

Aqui, observa-se um dado interessante. Muito embora haja um número muito mais elevado de decisões extintivas das ações constitucionais por inadmissibilidade[37], o que pressupõe razões eminentemente processuais, há, inversamente, um número maior de citações doutrinárias fundamentando questões de mérito: 84,71% de citações doutrinárias materiais contra 15,29% de citações doutrinárias processuais. Este número não levou em conta o número de ações, nem mesmo o número de votos, mas a quantidade de citações encontradas nos acórdãos.

Deduz-se deste dado, sem dúvida, a maior demanda doutrinária por parte dos Ministros não para justificar questões inerentes à técnica processual constitucional, mas ao direito constitucional material.

Esta baixa demanda aguçou o interesse por saber quais as obras de onde emanaram as citações utilizadas na fundamentação processual constitucional.

36

Vide, por exemplo, ADI 3.647/RO

37

Vide Gráficos 3º, 4º, 5º.

48

A partir destes datos, algumas inferências a respeito da discrepância entre citações processuais e materiais serão tratadas no próximo capítulo.

2.4 Dados dos autores das citações

O grupo de dados dos autores das citações tomou como referência variáveis relacionadas diretamente aos julgadores. Reunimos assim dados sobre a quantidade de: (a) *votos doutrinários de cada julgador*; (b) *citações realizadas por cada julgador*; (c) *citações enquanto relator e não-relator*; (d) *ministros citados por ministros*; (e) *autocitações*.

É bom lembrar que a seleção da amostra das decisões extintivas levou em conta a existência de citações doutrinárias encontradas nas razões de decisão que embasaram os votos dos ministros. Assim, em cada decisão, foram levados em conta os votos individualmente considerados de todos os julgadores participantes do julgamento. Detectamos, a partir destes parâmetros, 131 votos com citações doutrinárias, distribuídos entre 15 julgadores.

Os dados revelam que os Ministros com maior número de votos doutrinários não são, proporcionalmente, os que praticam o maior número de citações. Para atestar esta realidade, as Tabelas I e II abaixo revelam, respectivamente, o *ranking* de votos doutrinários em relação a cada Ministro e a quantidade total de citações realizadas.

Tabela I: Aferição por Ministros de votos com citações 2008-2012		
Ministros	nº votos com citação	% participação na totalidade
Cármen Lúcia	24	19,20%
Celso de Mello	16	12,80%
Gilmar Mendes	14	11,20%
Dias Toffoli	11	8,80%
Ayres Britto	9	7,20%
Cezar Peluso	9	7,20%
Eros Grau	8	6,40%
Joaquim Barbosa	7	5,60%
Marco Aurélio	6	4,80%
Ricardo Lewandowski	6	4,80%
Menezes Direito	6	4,80%
Luiz Fux	5	4,00%
Rosa Weber	2	1,60%
Ellen Gracie	1	0,80%
Nelson Jobim	1	0,80%

A Min. CÁRMEN LÚCIA foi quem mais proferiu votos doutrinários. No entanto, não é a que mais citou. O Min. GILMAR MENDES foi o terceiro em número de votos e o primeiro em número de citações doutrinárias.

Tabela II: Quantidade de citações por Ministros 2008-2012		
Ministros	nº de citações	% participação na totalidade
Gilmar Mendes	296	23,45%
Celso de Mello	266	21,08%
Luiz Fux	119	9,19%
Cármen Lúcia	116	9,19%
Ayres Britto	86	6,81%
Marco Aurélio	77	6,10%
Dias Toffoli	58	4,60%
Eros Grau	53	4,20%
Menezes Direito	47	3,72%
Cezar Peluso	44	3,49%
Joaquim Barbosa	42	3,33%
Ricardo Lewandowski	32	2,54%
Rosa Weber	24	1,90%
Ellen Gracie	1	0,08%
Nelson Jobim	1	0,08%

Esta tabela revela um dado significativo. O percentual de 63,15% das citações estão concentradas entre quatro Ministros (GILMAR MENDES, CELSO DE MELLO, LUIZ FUX e CÁRMEN LÚCIA), ou seja, 26,67% dos que julgaram com referências doutrinárias. O interessante é observar que o Min. LUIZ FUX possui elevado número de citações em poucos votos. Esse dado nos levou a apurar a média de citações por votos doutrinários de todos os Ministros.

Tabela III: **Média de citações por votos doutriná-rios 2008-2012**

Ministros	Média
Luiz Fux	26,83
Gilmar Mendes	18,75
Celso de Mello	16,69
Rosa Weber	12,00
Marco Aurélio	11,14
Ayres Britto	9,56
Menezes Direito	7,83
Eros Grau	6,63
Dias Toffoli	6,00
Joaquim Barbosa	6,00
Ricardo Lewandowski	5,33
Cármen Lúcia	4,83
Cezar Peluso	4,50
Ellen Gracie	1,00
Nelson Jobim	1,00

Estes números revelam diferenças de perfis argumentativos entre os Ministros. Não é possível, justamente pela falta de um critério objetivo universalmente aceito, afirmar a média aceitável ou correta de citações doutrinárias por votos. Por isso, a investigação não avançou para apurar quantos casos cada Ministro acima relacionado julgou no período de 2008-2012. No entanto, a simples observação da quantidade média de citações entre os votos doutrinários de cada Ministro, já nos permite inferir nuances do perfil argumentativo entre os julgadores.

Há um grupo que recorre às doutrinas com grande intensidade, mas para determinados e específicos casos, ou seja, enquadram-se entre os de *utilização eventual e intensa*. É o caso, por exemplo, do Min. LUIZ FUX, muito embora figure apenas em 12º lugar entre o maior número de votos, é o 3º Ministro que mais praticou citações doutrinárias, com a média de 26,83 citações por voto.

Há outros Ministros sem o perfil de concentração de citações em um único voto, mas lançam mão desse recurso argumentativo com grande frequência. Enquadram-se entre os de *utilização recorrente e moderada*. A Min. CÁRMEN LÚCIA é o exemplo mais contundente, embora seja a com mais participação em votos (19,20%), possui a média de 4,8% de citações doutrinárias por voto, ou seja, é uma das que mais utiliza-se do argumento doutrinário, porém com menos concentração.

Por fim, detectamos o grupo intermediário, que apresenta um certo equilíbrio entre a participação no total de votos doutrinários e a média de citações. Praticam a *utilização eventual e moderada* das citações doutrinárias. É o caso, por exemplo, do Min. EROS GRAU. Ele está em 8º lugar no número de citações, e permanece nessa mesma posição quando apurada a sua média por votos doutrinários.

A Tabela IV a seguir já tem outra preocupação. Não observa o perfil argumentativo dos Ministros em si, mas a sua postura doutrinária dependendo da posição em que se encontra no julgamento. Basicamente a apuração procura saber como se comportam quando estão ou não na condição de relatores[38]. E os dados revelam que apenas os Ministros AYRES BRITTO, CÁRMEN LÚCIA, CEZAR PELUSO e LUIZ FUX citaram mais enquanto relatores. Ou seja, se a citação doutrinária é um recurso argumentativo que enriquece ou melhor fundamenta a decisão e se o relator, porque profere o primeiro voto e, por isso, é o voto condutor, dita o ritmo do julgamento, então, a se observar a frequência de citações doutrinárias na relatoria, esta lógica não confirma-se. A maioria dos Ministros utilizam-se mais das citações doutrinárias quando não estão na relatoria. Isto não significa, necessariamente, a menor força presuasiva ou justificativa das citações doutrinárias, pois os dados podem conduzir ao raciocínio inverso, os Ministros não-relatores utilizam-se das citações doutrinárias justamente para rebater ou reforçar os argumentos do relator.

38

¹ Identificamos como Relator, em regra, o Ministro a quem houve a distribuição originária da ação. No entanto, nos casos em que o relator originário foi vencido, e, por isso, destacado outro como relator do acórdão, passamos a considerar este como o único relator para efeito de cômputo de votos doutrinários, ex., ADI 2.182/DF; ADI 3.573/DF.

Tabela IV: Citações doutri-nárias segundo a posição dos Ministros no julgamento 2008-2012		
Ministros	voto citações relator	voto citações não-relator
Ayres Britto	73	10
Cármen Lúcia	96	16
Celso de Mello	87	167
Cezar Peluso	38	6
Dias Toffoli	37	21
Ellen Gracie	0	1
Eros Grau	17	35
Gilmar Mendes	82	213
Joaquim Barbosa	8	34
Luiz Fux	78	38
Marco Aurélio	0	75
Menezes Direito	22	31
Nelson Jobim	0	1
Ricardo Lewandowski	22	31
Rosa Weber	0	24

A Tabela V adiante mudou o foco de análise, embora ainda com a atenção voltada para os autores das citações. Aqui a preocupação está em medir a influência de um Ministro em relação ao colega. É muito comum um Ministro referir-se a outro julgador pela invocação de votos proferidos em casos já julgados. No entanto, a menção não pelo votos, mas por suas produções acadêmicas já não é tão comum. É o que demonstra a Tabela V que delineia, entre os votos doutrinários, os Ministros citados por seus pares e a quantidade de vezes em que isso ocorreu.

Nela, também estão identificadas as autocitações, vale dizer, Ministros que fazem referências às podenrações exercitadas
em suas obras doutrinárias.

Tabela V: **Ministros citados por Ministros** **2008-2012**		
Ministros	**citado por outro Ministro**	**autocitação**
Gilmar Mendes	33	26
Eros Grau	21	6
Cármen Lúcia	15	8
Ayres Britto	6	2
Menezes Direito	3	0
Luiz Fux	1	1

2.5 Dados dos autores citados

O último grupo de dados referem-se aos autores citados. A bem da
verdade, são os dados centrais da pesquisa. Além da identificação
dos autores citados e das decisões doutrinárias, também foram
colhidas informações a respeito: (a) das *obras citadas*; (b) do *país
de origem do autor citado*; (b) a sua *formação discente*; (c) e
docente predominante.

Qual é o autor mais citado pelo Supremo Tribunal
Federal,ao menos no período de 2008 a 2012? Respondemos esta
pergunta na Tabela VI. Essa listagem fornece uma visão *parcial*
dos autores citados, pois apenas indica os 10 mais invocados pelo
Supremo Tribunal Federal em 5 anos de decisões em controle de
constitucionalidade. São os mais citados entre os 612 autores

detectados no total de decisões analisadas[39].

O *ranking* foi elaborado com o foco não na quantidade de vezes em que os autores foram citados, mas em quantas ações julgadas ocorreu a citação (citação por processo e não por voto), seja qual for a modalidade de citação, tal como aqui denominamos (direta, indireta, genérica e nome do autor). O resultado mostra, com certa folga, o jurista JOSÉ AFONSO DA SILVA[40] o doutrinador mais citado pelo Supremo Tribunal Federal, com 39 ações.

Tabela V: **Relação dos 10 autores mais citados**

2008-2012

Doutrinadores	ADPF's	ADC's	ADI's
José Afonso da Silva	46, 100, 101, 130, 132, 144	16, 29, 30	2622, 4001, 4009, 4356, 4426, 4430, 2832, 328, 1348, 1578, 1706, 2329, 2736, 2944, 3430, 3825, 3905, 3965, 4056, 4083, 4125, 4277, 484, 2558, 2649, 2650, 3138, 3386, 4578, 3510

39

` A relação de todos os autores citados está no Anexo B.

40

` JOSÉ AFONSO DA SILVA nasceu em Pompéu, Minas Gerais, em 30/04/1925, e dedicou grande parte de sua pesquisa em Direito Constitucional. É graduado pela Universidade de São Paulo (USP), e Livre Docente por esta Universidade, onde, inclusive, é professor titular aposentadoobteve a sua Livre Docência, tendo sido responsável pelo Curso de Direito Urbanístico, no programa de pós-graduação.

Gilmar Ferreira Mendes	101, 130, 132, 144, 184	16, 29, 30	3463, 875, 1987, 2727, 3243, 3773, 3791, 4125, 4274, 4277, 2937, 4029, 4078, 4578, 514, 4097
José Joaquim Gomes Canotilho	46, 101, 130, 132, 144	12, 29, 30	3106, 3463, 4430, 2944, 4277, 1698, 2182, 2536, 2650, 3330, 3826, 4578, 128, 2876, 4222, 3510
Celso Antonio Bandeira de Mello	46, 132, 156	12, 16	3583, 3916, 2736, 3116, 3430, 3895, 4125, 4277, 2415, 2419, 2476, 2649, 3028, 3089, 3330, 3386, 4167, 3510
Carmén Lúcia Antunes Rocha	101	12, 16, 29, 30	114, 2736, 2944, 3116, 3342, 4125, 2649, 3386, 4578
Raul Machado Horta	101		4364, 4375, 4430, 3896, 3905, 4083, 4391, 2182, 2650, 4432, 4568, 2876
Jorge Miranda	130, 144	29, 30	2158, 2189, 3463, 2182, 4167, 4578, 4097, 4222
Paulo Gustavo Gonet Branco	101, 130	29, 30	4078, 4578, 875, 3791, 1987, 2727, 3243, 4125
Eros Roberto Grau	46, 101, 144		1642, 2832, 3583, 3916, 3826, 3999, 4091, 4086, 3510
Francisco Clementino Pontes de Miranda	132	29, 30	1648, 4277, 3583, 4078, 4044, 2999, 4222, 3510
Hely Lopes Meirelles	46, 101, 144	12, 29, 30	3583, 3965, 3386, 4578, 2999
Konrad Hesse	46, 101, 130, 132	29, 30	4125, 4277, 2650, 4578
Luis Roberto Barroso	130	29, 30	4414, 3430, 3895, 2736, 4029, 4578,

			4222, 3510
Alexandre de Moraes	100, 132, 144, 172, 184	12, 16	2736, 4277, 4222
Hans Kelsen	101, 132		4277, 2649, 2650, 4029, 4078, 2999, 4430, 3510
Ingo Woflgang Sarlet	46, 101, 130, 132	29, 30	4277, 2937, 4578, 3510
Inocêncio Mártires Coelho	101, 132		875, 1987, 2 727, 3243, 4277, 4125, 3791, 4078

Observamos inexistir, entre os autores mais citados, a predominância de brasileiros. Quem imaginava o protagonismo absoluto dos brasileiros surpreende-se em saber que entre os 10 mais citados, 4 são estrangeiros (J. J. GOMES CANOTILHO, JORGE MIRANDA, KONRAD HESSE e HANS KELSEN), certo que os dois primeiros da escola portuguesa, e os demais, respectivamente, da alemã e austríaca.

A surpresa é maior ainda ao conhecer a lista das 10 obras mais citadas pelo Supremo Tribunal Federal. Muito embora o jurista JOSÉ AFONSO DA SILVA seja o doutrinador mais citado, não é uma das suas obras a maior fornecedora de referências. A obra mais utilizada em citações pelo Supremo Tribunal Federal não é brasileira, mas portuguesa: *Direito constitucional e teoria da constituição*, de autoria do jurista JOSÉ JOAQUIM GOMES

CANOTILHO[41], com 18 ações.

A tabela abaixo delineia as 10 obras mais utilizadas segundo o número de menções delas extraídas expressamente pelo Supremo Tribunal Federal, sendo um total de 23 obras com no mínimo 5 ações cada.

Tabela VII: **Relação das 10 obras mais citadas**		
2008-2012		
Obra	**ADPF's**	**ADI's**
Direito constitucional e teoria da constituição	101, 130, 132, 144	3463, 4430,
		2944, 4277,
José Joaquim Gomes Canotilho		2182, 2536,
		2650, 3826,
		4578, 128,
		2876
Comentário contextual à constituição	100, 132	328, 1348,
		1578, 2329,
José Afonso da Silva		2944, 3430,
		3825, 4277,
		2649, 2650,
		4578, 3510
Curso de direito administrativo	46, 156	3583, 3916,
		2736, 3116,
Celso Antonio Bandeira de Mello		3895, 4125,
		2415, 2419,
		2476, 3028,
		3089, 3386

41

¹ JOSÉ JOAQUIM GOMES CANOTILHO é nascido em Pinhel, Portugal, em 15/08/1941. É professor catedrático da Faculdade de Direito da Universidade de Coimbra, onde obteve o título de doutor.

Título / Autor		
Curso de direito constitucional Positivo *José Afonso da Silva*	46, 101, 130, 144	2736, 3905, 4083, 4125, 2558, 2649, 3386, 4578
Direito constitucional *Raul Machado Horta*	101	4364, 4375, 4430, 3896, 3905, 4083, 4391, 2650, 4432, 4568, 2876
Manual de direito constitucional *Jorge Miranda*	130, 144	2158, 2189, 4578, 4097, 4222
Curso de direito constitucional *Gilmar Ferreira Mendes, Paulo Gustavo Gonet Branco e Inocêncio Mártires Coelho*	101	875, 1987, 2727, 3243, 3791, 4125, 4078
Direito constitucional *José Joaquim Gomes Canotilho*	46, 130	1698, 2650, 3330, 4222, 3510
Competências na Constituição de 1988 *Fernanda Dias Menezes Azevedo*		4432, 4568, 3558, 3905, 4391, 4364, 4375
A força normativada constituição *Konrad Hesse*	132	4125, 4277, 4578
Aplicabilidade das normas constitucionais *José Afonso da Silva*	130, 132, 144	3965, 4056, 4277
Princípios constitucionais dos servidores públicos *Carmén Lúcia Antunes Rocha*		114, 2944, 3116, 3342, 4125, 3386

Direito administrativo	46, 144, 150	3583, 4163,
Maria Sylvia Zanella Di Pietro		4154
A decisão de inconstitucionalidade	132	1897, 2727,
		3243, 4277,
Rui Medeiros		3510
Direitos fundamentais: direito constitucional II	46, 130, 144	4578
Bernhard Schlink		
Bodo Pieroth		
A eficácia dos direitos fundamentais	46, 101, 130, 132	4277
Ingo Woflgang Sarlet		
Teoria dos direitos fundamentais	130, 132	3934, 4029,
		4277
Robert Alexy		
The least dangerous branch: The Supreme Court at the bar of politics		3999, 4086,
		4029, 4578
Alexander Mordecai Bickel		
A fiscalização abstrata	144	2182, 4097,
de constitucionalidade no direito brasileiro		2189, 2158
Clèmerson Merlin Clève		
Direito e razão: teoria do garantismo penal	144	4414, 4578
Luigi Ferrajoli		
Lei estadual e justiça constitucional		875, 1987,
		2727, 3243,
Hans-Uwe Enrichsen		2999
Direito constitucional do trabalho		4364, 4375,
		4391, 4432,
Arnaldo Lopes Sussekind		4568
Direito tributário brasileiro		1648, 875,
		1987, 2727,
Aliomar Baleeiro		3243

O fato de ser portuguesa a obra mais citada pelo Supremo Tribunal Federal não deixa dúvida da forte influência dos portugueses sobre a cultura jurídica no Brasil. Não só dois deles figuram entre os 10 mais citados (além do J. J. GOMES CANOTILHO, JORGEM MIRANDA), como também quatro obras figuram entre as 10 mais citadas, além das obras dos dois portugueses mais citados, há também a do jurista RUI MEDEIROS.

Pode-se dizer que a influência das escolas estrangeiras é muito marcante se observada a presença das obras estrangeiras entre as mais citadas. Dentre as 23 listadas abaixo, que estão entre as 10 mais citadas, 10 são estrangeiras. Além das 4 portuguesas, há também 4 alemãs, 1 italiana e 1 americana.

No entanto, há que se ter certo cuidado nesta avaliação especialmente em relação às obras provenientes de autores alemães, pois algumas delas foram citadas por apenas um único Ministro em todos os votos em que apareceu a citação; é o caso, por exemplo, das obras *Direitos fundamentais: direito constitucional II* de BERNHARD SCHLINK e BODO PIEROTH, e *Lei estadual e justiça constitucional*, HANS-UWE ENRICHSEN, utilizadas apenas pelo Min. GILMAR MENDES. Já outras obras alemãs, no entanto, como *Teoria dos direitos fundamentais*, de ROBERT ALEXY, e *A força normativa da constituição*, de KONRAD HESSE, demonstram uma grande influência, pois as suas invocações contaram com uma variação grande de Ministros, fato também observado em relação à obra *The least dangerous branch*: *The Supreme Court at the bar of politics*, de ALEXANDER M. BICKEL, e *Direito e razão: teoria do garantismo penal*, de LUIGI FERRAJOLI.

É interessante observar a falta de correlação exata entre os 10 autores mais citados e a obras mais citadas. Isso se explica pelo fato de alguns, embora muito citados, as menções provém de várias obras de sua autoria. É o caso, por exemplo, do jurista JOSÉ AFONSO DA SILVA, o qual figura autor de 3 obras mais citadas: *Comentário contextual à constituição, Direito constitucional positivo* e *Aplicabilidade das normas constituconais*. Certo que as duas primeiras estão entre as 4 obras mais citadas.

De outro lado, há outros autores que, embora menos citados, a ponto de não figurarem entre os 10 mais, são lembrados por uma única obra, é o caso, por exemplo, de FERNANDA DIAS MENEZES ALMEIDA, cuja obra *Competências na Constituição de 1988* foi utilizada em todos os votos em que aparece citada. Este dado deixa claro que algumas obras tornaram-se referência no campo de conhecimento que circunscreve. Neste particular, outro bom exemplo é a obra *A fiscalização abstrata de constitucionalidade no direito brasileiro*, de CLÈMERSON MERLIN CLÈVE, utilizada em 5 votos, por quatro Ministros diferentes: DIAS TOFFOLI, CEZAR PELUZO, RICARDO LEWANDOWSKI e CELSO DE MELLO.

Outro dado chama a atenção pela natureza científica das obras mais citadas. Todas são classificadas como livros. Ou seja, não há entre as mais citadas periódicos científicos. Este dado é relevante, pois revela a força da cultura do livro, ao menos entre os Ministros do Supremo Tribunal Federa, considerando o *ranking* das obras mais citadas. Entre eles não observamos, pela ausência de números consistentes, o salutar diálogo com o conhecimento propalado pelos inúmeros e conceituados periódicos científicos. Este culto exclusivo ao livro entre os Ministros, de certa forma é preocupante ao Capes, que tem priorizado, nos últimos anos, em sua política de estruturação docente em âmbito de pós-graduação, a publicação de artigos científicos, o que tem gerado um incremento substancial destas produções. Porém, ao que tudo indica, ainda tem baixo impacto nas decisões do Supremo Tribunal Federal.

A grande maioria das obras mais citadas são livros com um especial perfil predominante: *livros de referências de tipo didático*. São obras de referência, é certo para além das Universidades, mas são as principais adotadas na formação do estudante de direito. Até, por isso, o seu conteúdo prioriza a extensão, porque abrange, em regra, o conhecimento conceitual ou sistemático de uma certa disciplina, como é o *Curso de direito constitucional positivo*, de JOSÉ AFONSO DA SILVA, o *Curso de direito administrativo*, de CELSO ANTÔNIO BRANDEIRA DE MELLO, o *Direito constitucional*, de RAUL MACHADO HORTA, em detrimento da profundidade, ou prioriza o conhecimento parcial da intepretação jurídica, como é a obra mais citada *Comentário contextual à Constituição*[42] de JOSÉ AFONSO DA SILVA. São obras cujo conteúdo é horizontalizado, ao invés de verticalizado na abordagem do conteúdo. Por isso, sem dúvida, tem o mérito de servir de base para a análise mais profunda dos institutos jurídicos.

Por último, estão os dados revelados a respeito da formação e docência dos autores mais citados. A Tabela VIII relaciona as Universidades de formação de cada qual.

Tabela V: **Relação dos 10 autores mais citados**

2008-2012

Doutrinadores	Universidade
José Afonso da Silva	Universidade de São Paulo
Gilmar Ferreira Mendes	Universidade de Brasília
José Joaquim Gomes Canotilho	Universidade de Coimbra
Celso Antonio Bandeira de Mello	Pontifícia Universidade Católica de São Paulo
Carmén Lúcia Antunes Rocha	Pontifícia Universidade Católica de Minas Gerais
Raul Machado Horta	Universidade Federal de Minas Gerais
Jorge Miranda	Universidade de Lisboa
Paulo Gustavo Gonet Branco	Universidade de Brasília
Eros Roberto Grau	Universidade Presbiteriana Mackenzie
Francisco C. Pontes de Miranda	Universidade Federal de Pernambuco
Hely Lopes Meirelles	Universidade de São Paulo
Konrad Hesse	

42

⁾ Sobre o alcance metodológico da obra, JOSÉ AFONSO DA SILVA (2005, p. 19). esclarece que: "Os comentários que seguem não realizam inteiramente a interpretação contextual da Constituição, mas dão algumas indicações que bem podem servir de base para aprofundamentos posteriores, se se confirmar, na prática, sua fertilidade".

Luis Roberto Barroso	Universidade Estadual do Rio de Janeiro
Alexandre de Moraes	Universidade de São Paulo
Hans Kelsen	Universidade de Viena
Ingo Woflgang Sarlet	PUC - Rio Grande do Sul
Inocêncio Mártires Coelho	Universidade de Brasília

Capítulo III

A contribuição da doutrina na jurisprudência constitucional brasileira: análise dos dados

André Ramos Tavares

3.1 Citação doutrinária e doutrina citada: linguagens diferentes

O capítulo anterior coletou dados que servem de substrato para o estudo comportamental da doutrina no Direito constitucional. Abre-se, com eles, não só um campo para melhor conhecer o direito produzido pela argumentação doutrinária na jurisdição constitucional, como também o estado da arte da academia, o que inclui saber como os professores e investigadores integram a elaboração dos sistemas jurídico-políticos vigentes. Ou seja, uma pesquisa empírica tal como aqui proposta se faz relevante para entender a integração criativa e a criação integrada do direito constitucional brasileiro.

O propósito de estudar a afetação da doutrina na jurisprudência constitucional, a partir de uma verificação empírica, coloca no epicentro da investigação a *citação doutrinária* no exato instante em que transmuda-se para *doutrina citada*, na especial circunstância da atuação decisória do juiz constitucional. Ou seja, a captação da doutrina transformada em jurisprudência constitucional.

No presente estudo, a tônica da pesquisa é a afetação da doutrina nas decisões do Supremo Tribunal Federal em controle concentrado de constitucionalidade. Pretendeu-se, com isso, observar, empiriciamente, o labor doutrinário do juiz constitucional, ao incorporar os resultados daquele nos argumentos utilizados nas decisões. Os dados produzidos, porque captam o contato ou a conexão de dois níveis distintos de discursso jurídico (descritivo, propiciado pela doutrina, e prescritivo, pela jurisprudência), revelam informações relevantes para o estudo tanto da doutrina jurídica, nacional e internacional (enquanto parâmetro de argumentação), como da argumentação constitucional (enquanto objeto da doutrina), no interior do sistema jurídico-constitucional brasileiro.

A doutrina jurídica tem no direito positivo o objeto de conhecimento dogmático. Revela-se por um discurso que descreve as normas, legislativas e jurisprudenciais, delineando o que chamamos de Ciência do Direito. O conhecimento produzido pela observação concreta da doutrina, tal como utilizada na jurisprudência do Tribunais Constitucionais, pode servir de substrato para avançar-se a uma *teoria da doutrina constitucional concretizada*. Ou seja, uma teoria que fala sobre a doutrina citada nas decisões das Cortes máximas da Justiça Constitucional. Algo que ainda ressente-se, e não só no Brasil, conforme pondera LUCIO

PEGORADO, ao alertar para a "falta de doutrina sobre a doutrina", sobretudo embasada em dados reais.

De outro lado, tal perspectiva investigativa não é útil apenas para os estudos da doutrina no seu próprio universo de conhecimento, mas também para entender como ela, transmudada em discurso prescritivo, compõe os sentidos materiais da Constituição e dos mecanismos institucionalizados para a defesa da supremacia constitucional. A doutrina é estuda a partir da prática decisória do Supremo Tribunal Federal, e, por isso, toma parte na composição das normas constitucionais. FRIEDRICH MÜLLER (2005, p. 83) nos diz que as doutrinas, como fonte de conhecimento jurídico, são estruturadas linguisticamente, e, por isso, "carecem de e são acessíveis à interpretação, carecem de e são acessíveis a todas as possibilidades da interpretação linguísticas. Compartilham assim o destino do programa da norma, do âmbito da norma e do teor literal da normas, de materiais legais, de modelos históricos de noamras e do caso solucionando: inexistem como orientações prévias, não estão prontas e acabadas, disponíveis para a aplicação".

Por isso, o estudo da doutrina concretizada na jurisprudência constitucional é um momento de especial relevância do ponto de vista do operador do direito. Em cada caso de violação à Constituição, ocasião em que estão em questão o desrespeito aos direitos fundamentais, a estabilidade política do Estado, a organização

dos Poderes, enfim, todo o substrato material e formalmente constitucional, razões argumentativas dão o sentido aos textos, constitucional e legal, iluminados pela concretude da lide discutida e
normativamente qualificada. O estudo da doutrina nas razões de
decisão, focado, pois, na *praxis* jurisdicional, auxilia, em última
instância, a entender o seu papel no processo de construção da
Constituição e das funções processuais estabelecidas para a sua
proteção. Aqui, o juiz constitucional é observado no momento
preciso do uso explícito da doutrina em sua função criativa de
normas (regras e princípios) jurisprudenciais, de cunho não só
substancial, mas também processual[43]. Normas que, no decorrer
do tempo, a prática jurisdicional pode consolidá-las em sentido
material da Constituição e no regime jurídico-concreto do direito
processual constitucional. A orientação doutrinária, uma vez in-
corporada nas decisões, integra a fonte autêntica ou concreta[44] de

---

43

¹Essa distinção não é aqui realizada com base em Peter Häberle(..., p. 15-44):
"No Direito Processual Constitucional há que diferenciar a interpretação de normas
materiais e processuais da Constituição", essas últimas a partir de disposições formais
do Direito processual da Constituição. A bem da verdade, ampliamos o sentido para
além dos dispositivos formais constitucionais para também incluir a interpretação da
legislação pertinente. Delimitar o sentido da "norma processual constitucional
jurisprudencial" é uma das tarefas do projeto.

44

¹ Essa expressão é utilizada por Antonio Carlos de Araújo Cintra, Ada
Pellegrini Grinover e Cândido R. Dinamarco (1994, p. 92) em referência às fontes
constitucionais e legislativas que efetivamente atuam no Brasil como normas de
disciplina jurídica do processo. Esse projeto coloca em tensão essa expressão porque
insere uma nova fonte concreta não emanada dos Poderes legiferantes, mas sim da
prática jurisdicional constitucional.

direito (material-processual) constitucional.

A compreensão da doutrina concretizada nas decisões em jurisdição constitucional exige o estudo da racionalidade aplicada, pela maneira como integra as justifitivas, pela forma e estrutura assumidas pelos argumentos e a finalidade pretendida. Exige, pois, especial técnica de dissecação argumentativa da decisão. Os dados revelados na verificação empírica contribuem para tal dissecação, cujo resultado de um estudo reflexivo a respeito deles pode auxiliar no desenvolvimento de eficiente instrumento para o controle racional e de previsibilidade de resultado no uso da doutrina, mormente aos dedicados à postulação constitucional.

O convite ao aprofundamento acadêmico da prática jurídica da doutrina e, por isso, explicado pela técnica necessária à análise e compreensão de argumentos justificatórios das decisões judiciais, conduz ao esforço confluente na *argumentação jurídica*, aqui tomada como parâmetro epistemológico da dinâmica de uma das fontes de criação do direito material-processual constitucional – que é o direito jurisprudencial. Como resultado prático, pode-se almejar novos padrões metodológicos da análise argumentativa, ao menos do ponto de vista da utilização da doutrina.

3.2 Influência explícita e implícia da citação doutrinária

A citação doutrinária nas decisões judiciais é apenas uma

medida possível para a aferição qualitativa do diálogo entre doutrina e jurisprudência. É certo, no entanto, ser especial, pois revela a *influência explícita* da doutrina sobre a jurisdição constitucional, sobretudo, nos resultados das questões de constitucionalidade quando presente nas razões de decisão.

A pronunciar-se em única ou última instância a respeito do conteúdo da Constituição, e valer-se do argumento doutrinário, pode-se dizer, o Supremo rende-se à contribuição explícita da doutrina na construção das *normas materiais constiucionais*. Com também é igualmente influente quando presente nas decisões que negam a admissibilidade das ações em controle de constitucionalidade ou discute algum aspecto processual inerente aos instrumentos constitucionais de defesa da Constituição. Nesse caso, é interessante dizer, a doutrina influe não propriamente na construção dos sentidos materiais da Constituição, mas nas *normas processuais constitucionais*. A sua influência é explícita na definição da disciplina jurisprudencial de ativação e exercício processual da jurisdição constitucional.

Há, de outro lado, a *influência implícita* da doutrina na jurisprudência, é dizer, não materializada nas decisões da Justiça Constitucional, mas ocultamente presente na formação intelectual dos julgadores, seja por toda a sua vida ou carreira jurídica, seja de maneira pontual. No Brasil, sabe-se que para tornar-se Ministro do Supremo Tribunal Federal, dentre outras condições, exige-se o "notável saber jurídico". Muito embora constitua condição extremamente subjetiva, o que acaba por dificultar a aferição objetiva do conhecimento jurídico do escolhido, certamente, ainda que em alguns casos duvidosa seja a condição da notabilidade do saber jurídico, é inimaginável a absoluta ausência da influência doutrinária na formação intelectual do pretendente. Portanto, pressupõe-se que o Ministro é versado em ciências jurídicas, e deve a sua formação intelectual-profissional aos estudos doutrinários do Direito. De tal sorte que, já por uma questão formal, é impossível chegar à condição de juiz constitucional sem que o intelecto não seja, em alguma medida, moldado pela ciência jurídica, ao menos. Só por tal simples aspecto já torna elementar a conclusão de que a doutrina sempre influe nas decisões da Justiça Constitucional brasileira, senão de uma forma explícita, porque presente expressamente nas razões de decisão, ao menos na formação intelectual, e por isso, no processo de racionalização da decisão.

Não se pode ignorar, como pondera DAVI CIENFUEGOS SALGADO (p. 75-101), que "a fundamentação, na qual plasma o labor interpretativo e argumentativo, é um produto de larga e sólida preparação do julgador. Tal preparação, à qual há que impingir o adjetivo acadêmica, nutre-se, a princípio pelas doutrinas e concepções que professores e autores proporcionam nas salas de aula e na literatura jurídica, o que acaba por fechar o ciclo desta relação indispensável".

Com efeito, mesmo nos votos em que não constam citações, não se pode negar a influência doutrinária, certamente presente em todas as decisões, ainda que circunscrita ao processo de racionalização decisória.

Por isso, é muito difícil, quiçá impossível, mensurar o poder de influência da doutrina sobre as decisões constitucionais. No entanto, os dados apurados nos permitem uma radiografia do uso doutrinário nos julgados do Supremo Tribunal Federal, limitado, é certo, ao controle concentrado de constitucionalidade, que nos permite ao menos ilações a respeito da qualidade do diálogo entre doutrina e jurisprudência constitucional no Brasil.

A primeira inferência deduz-se do número total de argumentos doutrinários utilizados. Se é difícil afirmar o exagero no uso da doutrina, justamente pela falta de um critério objetivo de delimitação do uso, é, no entanto, fácil inferir que o Supremo Tribunal Federal não decide, simplesmente, à margem das construções doutrinárias acerca de aspectos ligados aos casos a ele submetidos em controle concentrado de constitucionalidade. Assume uma clara *postura inclusivista* em suas decisões das vozes das doutrinas nacionais e estrangeiras do ponto de vista da cognição jurídica.

No entanto, esta evidência não implica, por si só, afirmar a relevância da doutrina a ponto de ser indispensável à jurisprudência no momento de e no ato da decisão.

3.3 Baixa influência da doutrina processual constitucional

Os dados apurados detectaram um grande número de decisões extintivas de ações constitucionais por inadmissibilidade[45], quando comparadas com as decisões extintivas de mérito. Não obstante, como já anunciado, há, inversamente, um número maior de citações doutrinárias embasando questões de mérito. Os números são 84,71% de citações doutrinárias materiais contra 15,29% de citações doutrinárias processuais. De plano, deduz-se deste desproporção, sem dúvida, a maior demanda de suporte doutrinário por parte dos Ministros não para justificar questões inerentes à técnica processual constitucional, mas ao direito constitucional material.

Estes números permitem-nos inferir dois aspectos relevantes, que nada mais confirmam, na perspectiva da prática jurisdicional, do que o atual estágio do direito processual constitucional; um estágio de defesagem há muito alertado. Tem-se a incerteza de sua autonomia científica refletido (i) primeiro, na *escassez de obras de referência* sobre o direito processual constitucional, e; (ii) segundo, a *autossuficiência judicial* para lidar, em concreto, com as questões relativas ao direito processual constitucional. Ambos aspectos são, em verdade, a consequência de uma realida-

---

[45]

    Vide Gráficos 3°, 4°, 5°.

de brasileira de *dispersa e tímida legislação processual constitucional*, o que dá margem ao *ativismo judicial-processual*, pela autocriação normativa.

Este cenário repercute a dificuldade e desestímulo do ímpeto doutrinário para tratar dogmaticamente textos de cariz processual constitucional, não raramente inseridos em estatutos legislativos de natureza diversa (como ocorre, por exemplo, com inúmeros dispositivos presentes no Código de Processo Civil), ou de normas processuais constitucionais criadas a partir de jurisprudência já consolidada a latere da legislação e, em outros casos, lastreadas em casos concretos.

Basicamente o direito processual constitucional é regulado, no Brasil, em suas regras gerais, pelas Leis n. 9.868/99 e 9.882/99, que regulam as ações em controle concentrado de constitucionalidade e por pinçados artigos do Código de Processo Civil, tais como aqueles diretamente correlacionados com o controle de constitucionalidade difuso. Há regras também assentadas no Regimento Interno do Supremo Tribunal Federal. Já as regras especiais, pertinentes à regulação de certas ações constitucionais, são tratadas em legislação especial, como as leis que regem o mandado de segurança, a ação popular, o *habeas data*, certo que nem todas as ações constitucionais estão devidamente regulamentadas, como é o caso do mandado de injunção. Inexiste uma legislação sobretudo de unificação do processo constitucional brasileiro.

Este cenário legislativo certamente potencializa a autorre-
gulação do processo constitucional pelo próprio Supremo Tribunal Federal. A análise cuidadosa dos procedimentos, decisões e
argumentos praticados por esta Corte nos permite identificar, cada
vez mais, regras jurisdicionais do processo constitucional. Extrae-
m-se verdadeiras regras sobre procedimento, fases e instrumentos
a darem forma ao processo constitucional. É certo que a autorre-
gulação é um traço peculiar da Justiça Constitucional, porém em
doses não adequadas, não é salutar para o funcionamento de um
Estado de Direito, sobretudo da família *civil law*.

O parco e disperso tratamento legislativo dado ao processo
constitucional, aliado à margem de autossuficiência judical, repercute, na seara doutrinária, o problema da *anomia*, vale dizer, da
falta de regras metodológicas de um modelo de sistematização e,
com isso, de compreensão de suas funções, operações e estruturas. Superá-lo depende do amadurecimento da autonomia científica do processo constitucional.

Um dos caminhos para elevar o amadurecimento científico
do direito processual constitucional, acredita-se, está na proposta
de criação de uma legislação integradora, vale dizer, de um Código de Processo Constitucional. Este certamente contribuiria para
o melhor funcionamento do direito processual constitucional brasileiro. Seria o recurso para, a partir de uma área comum, agrupar

as regras e princípios específicos e gerais do processo constitucional, o que contituiria um significativo avanço legislativo sobre o
qual a doutrina se debruçaria e dela resultaria tantas obras capazes
de sistematizar o produto legislativo. Isso nos conduziria à unidade da disciplina, com o que melhor pode-se explicar as suas regras de interpetação e conexões com o restante do ordenamento
jurídico. Os benefícios práticos de um Código de Processo Constitucional passam pelo desenvolvimento da doutrina processual
constitucional, para alcançar o pleno desenvolvimento da nossa
jurisdição constitucional, sem os problemas ainda muito marcan-
tes de discussões formais que prejudicam o direito material, e
com um produto legislativo a serviço da sociedade, na defesa e interesse dos direitos humanos fundamentais[46].

ANEXO I – Relação das decisões com citações doutrinárias.

ARGUIÇÕES DE DESCUMPRIMENTOS DE PRECEITOS FUNDAMENTAIS			
46/DF	100/TO	101/DF	130/DF
132/RJ	144/DF	147/DF	150/DF
156/DF	172/RJ	184/DF	237/SC

AÇÃO DECLARATÓRIA DE CONSTITUCIONALIDADE			

46

[1] Para aprofundamento do tema sobre a proposta de um Código de Processo
Constitucional vide: BELAUNDE; TAVARES, 2010, p.

12/DF	16/DF	29/DF	30/DF

AÇÃO DIRETA DE INCONSTITUCIONALIDADE

Improcedentes

484/PR	2182/DF	2415/SP	2419/SP
2476/SP	2536/DF	2558/DF	2649/DF
2650/DF	2937/DF	3028/RN	3089/DF
3138/DF	3330/DF	3386/DF	3510/DF
3826/GO	3934/DF	3944/DF	3999/DF
4029/DF	4033/DF	4078/DF	4086/DF
4167/DF	4432/PR	4568/DF	4578/AC

Procedentes em parte

29/DF	114/PR	932/SP	1247/PA
1642/MG	1648/MG	2158/PR	2549/DF
2556/DF	2568/DF	2622/RO	2832/PR
2875/DF	3096/DF	3106/MG	3463/RJ
3583/PR	3772/DF	3916/DF	4009/SC
4163/SP	4356/CE	4364/SC	4375/RJ
4414/AL	4426/CE	4430/DF	

Procedentes

328/SC	875/DF	980/DF	1348/RJ
1578/AL	1706/DF	1987/DF	
2189/PR	2329/AL	2727/DF	2736/DF
2872/PI	2944/PR	3116/AP	3176/AP
3243/DF	3279/SC	3342/SP	3343/DF
3430/ES	3558/RJ	3726/SC	3773/SP

3791/DF	3795/DF	3825/RO	3847/SC
3857/CE	3895/SP	3896/CE	3905/RJ
3930/RO	3965/MG	4056/MA	4083/DF
4125/TO	4154/MT	4274/DF	4277/DF
4391/RJ	4478/PA		

Não conhecidas			
128/AL	514/PI	2876/RO	2999/RJ
4044/DF	4097/DF	4222/DF	4422/DF

ANEXO II – Relação dos autores citados em ordem alfabética.

Doutrinadores	ADPF's	ADC's	ADI's
Ada Pellegrine Grinover	101, 144		3096, 4414
Adilsom Pereira de Farias			3510
Adilson Abreu Dallari		29, 30	3386, 4578
Afonso Arinos de Melo Franco			4430
Aharon Barak	132		4277, 4086, 3999, 4088
Aires F. Barreto			3330
Albert Alschuler			4414
Alberto Alonso Ureba	46		
Alberto Sevilha			328
Alessandro Bernardi			4414
Alex Toqueville	130		
Alexander Hamilton	144	29, 30	3999, 4086, 4578, 3510
Alexander Meiklejohn	130		
Alexander Mordecai Bickel		29, 30	3999, 4086, 4029, 4578

81

Alexandra M. dos Santos Esteves Vilela		29, 30	
Alexandre de Moraes	100, 132, 144, 172, 184	12, 16	2736, 4277, 4222
Alexandre Husni		3934	
Alexandre Kiss	101		
Alexandre Vilela			4578
Alfredo Buzaid			1706
Ali Kamel			3330
Alice Bianchini			4274
Alice Monteiros de Barros			4375, 4391
Aliomar Baleeiro			1648, 875, 1987, 2727, 3243
Álvaro de Melo Filho			2937
Álvaro Villaça Azevedo	132		4277
Amauri Mascaro Nascimento			4364, 4422
Américo A. Taipa Carvalho		29, 30	4578
Ana Carla Harmatiuk Matos	132		4277
Ana Carolina			3510
Ana Paula de Barcellos	132		3106, 4277
André de Laubadére			3430
André Ramos Tavares	132	16	2182, 4277
André Rufino do Vale	130		
Andress Khol	130		
Andrew G. Deis			4414
Angel J. Gómez Montoro		12	
Anke Guhr			3510
Anna Cândida da Cunha Ferraz	132		4277
Anne Fagot-Largeault			3510
Antoine Garapon			4414

Antonio Carlos de Araújo Cintra	101		
Antonio Cláudio da Costa Machado	130		
Antonio Gramci			3510
Antonio Junqueira Azevedo			3510
Antônio Magalhães Gomes Filho	144	29, 30	4578
Antônio Wilson Steinmetz			3510
Aristóteles			3510
Arnaldo Sussekind			4364, 4375, 4391, 4432, 4568
Arnold Wald	144	29, 30	4578
Arthur Schopenhauer			3510
Athos Gusmão Carneiro			1648
August Comte	130		
Augusto Cançado Trindade	132		4277
Augusto Martin La Vega	132		4277, 3510
Augusto Teixeira de Freitas			3510
Aurélio Buarque de Holanda	132		3386, 4277
Austin Smith			3510
Baczkowski			3510
Barbara J. Shapiro		29, 30	4578
Benjamin Constant Botelho de Magalhães		29, 30	4578
Bernard Stirn	130		
Bernardo Leôncio Moura Coelho		12	
Bernd Jürgen Schneider			875, 1987, 2727, 3243
Bernd Rüthers	101		
Bernhard Schlink	46, 130, 144	29, 30	4578
Bethencourt, Francisco			4277
Bodo Pieroth	46, 130, 144	29, 30	4578
Bruce M. Carlson			3510

Bruno Bodart			4414
Bruno Milanez	101		
Bruno Vinícius a Rós Bodart			4029, 4414
Bryan Garth			4163
Caetano Azzariti	144		
Caio Mario da Silva Pereira		29, 30	4578
Caio Prado Jr.			3330
Caio Tácito Sá Viana P. de Vasconcelos		29, 30	1706, 3895, 4167, 4578
Cândido Rangel Dinamarco	101		3773 ,4414
Carl Junj	132		4277
Carl Schmitt	46, 101		
Carlo Francesco Gabba		29	4578
Carlo Maria Martini			3510
Carlo Taormina			4414
Carlos Alberto Lucio Bittencourt	132		4277
Carlos Alberto Menezes Direito	101, 130		3510
Carlos Alberto Vogt		29, 30	4578
Carlos Ari Sundfeld			3895
Carlos Ayres Britto	130, 144		3944, 4029
Carlos Blanco de Morais	132		3138, 4277, 4430, 3510
Carlos Eduardo Cavalcanti			875, 1987, 2727, 3243
Carlos Lessa			3330
Carlos Mário da Silva Velloso			4430
Carlos Maximiliano P. dos Santos	130, 144	29, 30	2872, 484, 4578
Carlos Ramalheira	101		
Carlos Roberto Cirne-Lima			3510
Carlos Roberto de C. Jatahy			3028
Carlos Roberto de Siqueira Castro	130		

84

Carlos Santiago Nino			4029
Carmén Lúcia Antunes Rocha	101	12, 16, 29, 30	114, 2736, 2944, 3116, 3342, 4125, 2649, 3386, 4578, 3510
Carvalho de Mendonça	132		4277
Cass R. Sunstein	130		4029
Catharine MackKinnon			3510
Catherine Puigelier			3510
Cátia Rosas	101		
Celso Antonio Bandeira de Mello	46, 132, 156	12, 16	3583, 3916, 2736, 3116, 3430, 3895, 4125, 4277, 2415, 2419, 2476, 2649, 3028, 3089, 3330, 3386, 4167, 4430, 3510
Celso Seixas Ribeiro Bastos	130, 144	16	2182, 3386, 4222
Cesare Beccaria	144		
Chaim Perelman	132		4277
Charles Fourier			3510
Chinelato			3510
Christian Guéry		29, 30	4578
Christian Pestalozza			875, 1987, 2727, 3243
Christian Tomuschat	130		
Christoph Degenhart			3847
Christoph Gusy	46, 130		875, 1987, 2727, 3243
Christopher Wolfe			4078
Cláudio Luiz Bueno de Godoy	130		
Cláudio Pereira de Souza Neto			4078
Claus-Wilhelm Canaris	101		3510, 4414
Cleber Giardino			1648

Clémerson Merlin Clève	144		2158, 2189, 2736, 2182, 4029, 4097
Cristiane Avancini Alves			3510
Cristiane Derani			3510
Dalmo de Abreu Dallari	144		2549, 3930, 2650
Damares Medina	132		4277
Damásio Evangelista de Jesus			3096
Danah Zohar			3330
Daniel Mitidiero	130		
Daniel Ottoson	132		4277
Daniel Sarmento	130, 132		4277, 3510
Darcy Arruda Miranda	130		
David Hume	130, 144		
Deisy de Freitas Lima Ventura			3510
Denis Salas	144		
Dicionário Houaiss			2937
Dieter Grimm	144	29, 30	4578
Dimas Tadeu Covas			3510
Diógenes Gasparini			3116, 4163, 3386
Diogo de Figueiredo Moreira Neto			3895
Djalma Pinto		29, 30	4578
Domenico de Mais	101		
Dominiqui Turpin		12	
Donadio			3510
Doris Lessing			3510
Edemur Ercílo Luchiari			4274
Edgar Morin			3510
Edgard Silveira Bueno Filho	144		
Edilson Pereira de Farias	130		

Nome			
Edimir Netto de Araujo			4163
Edmund Husserl			3510
Eduardo Gabriel Saad			4422
Eduardo García de Enterría			3510
Edward O. Wilson			3510
Eelco F. M. Wijdicks			3510
Eligio Resta	144		
Eliza Muto			3510
Emanuele Carnevale	144	29, 30	4578
Emmanuel Roberto Girão de Castro Pinto		29, 30	4578
Enéas Costa Garcia	130		
Enrico Ferri	144		
Enrique Belda Pérez-Pedrero		29, 30	4578
Enrique Ricardo Lewandowski			3510
Epicuro de Samos	144		
Erik Oddvar Eriksen			2650
Ernst Benda	132		4277
Ernst Bloch	101		3510
Ernst Cassirer			3510
Ernst Forsthoff			1706
Ernst Friesenhahn			875, 1987, 2727, 3243
Ernst Tugendhat	144		
Eros Roberto Grau	46, 101, 144		1642, 2832, 3583, 3916, 3826, 3999, 4086, 4091, 3510
Eugene Victor Debs Rostow	144	29, 30	
Evanildo Cavalcante Bechara		29, 30	4578
Fabio de Oliveira Vargas	132		4277
Fábio Henrique Podestá	130		3510

Fábio Konder Comparato		3895
Fábio Zambitte Ibrahim		3138
Fátima Oliveira		3330
Fávila Ribeiro	29, 30	4430, 4578
Felipe Derbli de Carvalho Baptista	132	29, 30	4277, 4578
Fernanda Dias Menezes Almeida		4364, 4375, 3558, 3905, 4391, 4432, 4568
Fernando Barbalho Martins		29, 30	4578
Fernando da Costa Tourinho Filho		4414
Fernando Herren Aguillar	46	
Fernando Lopes Ramón	101	
Fernando Pessoa	132		4277, 3510
Flávio Augusto Serra Kauling		3330
Francesco Carnelutti		4163, 4414
Francesco Carrara	144	29, 30	4578
Francesco Viola	132		4277
Francis Fukuyama		3510
Francisco Bethencourt	132		
Francisco Caamaño Domínguez		12	
Francisco Clementino de San Tiago Dantas		29, 30	4578
Francisco Clementino Pontes de Miranda	132	29, 30	1648, 4277, 3583, 4078, 4044, 2999, 4222, 3510
Francisco Javier Díaz Revorio	132		4277
Francisco Morato		4414
Francisco Rubio Llorente		12	4222
Franco Furger		3510
François Rigaux		2649
Freitas Nobre	130		
Friederich Engels		3510

Name	Col2	Col3	Col4
Friedrich Jülicher			875, 1987, 2727, 3243
Friedrich Müller	132		4078, 4277
Friedrich Nietzche	132		4277
Gabriele Fornasari			4414
Gadedas Andrade	130		
Garner			3510
Gastón Jèze	46		
Geneviève Koubi			2649
Geoffrey Blainey			3510
Georg Jellinek	130, 144		875, 1987, 2727, 3243
Georg Wilhelm Friedrich Hegel	132, 144		3999, 4086, 4092, 4277
Geraldo Ataliba	130, 132		1648, 2650, 3895, 4277, 2999
Geraldo Laboulaye	130		
Giampaolo Rossi	46		
Gilberto Bercovici			875, 1987, 2727, 3243
Gilberto Freyre			3330
Gilberto Gil	144		
Gilberto Hadad Jabur	130		
Gilles J Guglielmi			2649
Gilmar Ferreira Mendes	101, 130, 132, 144, 184	16, 29, 30	3463, 875, 1987, 2727, 3243, 3773, 3791, 4125, 4274, 4277, 2937, 4029, 4078, 4578, 514, 4097
Giovanni Carmignani	144	29, 30	4578
Giovanni Sartori			4430
Giuseppe Chiovenda			2736, 3028, 4163, 4414
Goerg Lukács			3510
Goffredo da Silva Telles Júnior			3999, 4090, 4086

Gregório Peces-Barba Martinez	132		4277
Guilherme Calmon Nogueira da Gama	132		4277
Guilherme de Souza Nucci		29, 30	3916, 4578
Guilherme Jales Sokal		29, 30	4414, 4578
Guillaume Royer			4414
Guillermo J. Cano	101		
Gunther Teubner			2937
Gustavo Alexandre Magalhães			3386
Gustavo Binenbojm	130, 132, 144		4277
Gustavo Tepedino	132		4277
Gustavo Zagrebelsky	132, 144	29, 30	4277, 4167, 4578
Hans Jonas	101		3510
Hans Kelsen	101, 132		4277, 2649, 2650, 4029, 4078, 2999, 4430, 3510
Hans-Georg Gadamar	46		4078
Hans-Uwe Enrichsen			875, 1987, 2727, 3243, 2999
Hebert Lionel Adolphus Hart	132		4277
Hector Lopez Bofill	132		4277
Helen Pearson			3510
Helena Regina Lobo da Costa			3510
Hélio Tornaghi			4414
Hely Lopes Meirelles	46, 101, 144	12, 29, 30	3583, 3965, 3386, 4578, 2999
Henning Rosenau			3510
Heráclito			3510
Herman Heller	144		
Hugo de Brito Machado		16	1648
Hugo L. Black			2736
Hugo Lafayette	130		

Nome			
Hugo Nigro Mazzili			932, 4163, 4356, 4426
Humberto Bergmann Ávila		29, 30	2736, 4578
Humberto Nogueira Alcalá		29, 30	4578
Humberto Theodoro Jr.	130		
Ignacio de Otto		12	
Immanuel Kant			3510
Inacio Carvalho Neto		16	
Ingo Woflgang Sarlet	46, 101, 130, 132	29, 30	4277, 2937, 4578, 3510
Inocêncio Mártires Coelho	101, 132		875, 1987, 2727, 3243, 4277, 4125, 3791, 4078
Irene Salem Varella Varella Innwinkl	132		4277
Isaac Sabbá Guimarães			4274
Ítalo Calvino			3510
Ivan Barbosa Rigolin			4125
Ives Gandra Martins	144		3825, 4029
Ives Gandra Martins Filho	184		
Jacinto Nelson de Miranda Coutinho			4414
Jacques Maritain			3510
Jairo José Gomes			4430
James Madson			2736, 3510
James Q. Whitman		29, 30	
James Thomsom			3510
Jane Reis Gonçalves Pereira			4078, 4578
Javier Ansuátegui Roig	130		
Javier Dorado Porras	130		
Jayme de Atavila			3965
Jean Paul Sartre			3510
Jean Pierre Lebreton	130		

Jean-Jacques Israel			3510
Jeffrey Rosen	130		
Jeremy Bentham	132		4277
Jerry Sainte-Rose			3510
Jessé Torres Pereira Júnior	144		
João Barbalho Uchôa Cavalcanti	130		2650, 2872
João Batista Machado		29, 30	4578
João C. da Rocha Cabral			4430
João Carlos Mariense Escobar			3343, 4478
João Cruz Costa			3510
Joaquim Brage Camazano	132		4277
Joaquim Francisco de Assis Brasil		29, 30	4430, 4578
Joaquim Nabuco			3965
Joaze Bernardino			3330
Joel J. Cândido			4430
Johannes Dietelein			3510
Johannes Messner	130		
John H. Langbein		29, 30	4578
John Hart Ely			4029
John Jay			3510
John Locke			2736
John Milton	130		
John Rawls			4078
John Stuart Mill	130		
Jorge Luiz Souto Maior			3934
Jorge Miranda	130, 144	29, 30	2158, 2189, 3463, 2182, 4167, 4578, 4097, 4222
Jorge U. Jacoby Fernandes			4163

92

Jorge Xifra Heras		12	
Jörn Ipsen			4078, 2999
José Adércio Leite Sampaio			2872
José Afonso da Silva	46, 100, 101, 130, 132, 144	16, 29, 30	2622, 4001, 4009, 4356, 4426, 4430, 2832, 328, 1348, 1578, 1706, 2329, 2736, 2944, 3430, 3825, 3905, 3965, 4056, 4083, 4125, 4277, 484, 2558, 2649, 2650, 3138, 3386, 4578, 3510
José Alfredo de Oliveira Baracho		12	
José Antônio Pimenta Bueno			2736
José Arthur Gianotti	144		
José Aurélio de Araújo			4414
José Carlos Barbosa Moreira	144		2182
José Carlos de Matos Peixoto		29, 30	
José Carlos Teixeira Giorgis	132		4277
José Carlos Vieira de Andrade	132	29, 30	2937, 4277, 3510
José Cretella Jr			3430, 3895
José de Alencar			4430
José dos Santos Carvalho Filho	46		4167
José Duarte			4078
José Eduardo Soares de Melo			1648
José Ferrater Mora			3510
José Frederico Marques			3896, 4414
José Garberí Llobregat			4414
José Geraldo da Silva			4274
José Joaquim Gomes Canotilho	46, 101, 130, 132, 144	12, 29, 30	3106, 3463, 4430, 2944, 4277, 1698, 2182, 2536,

			2650, 3330, 3826, 4578, 128, 2876, 4222, 3510
José Murilo de Carvalho		29, 30	4578
José Néri da Silveira			4430
José Oliveira Ascensão			3510
José Paulo Baltazar Jr.			4414
José Rogério Cruz			3825
Joseph Stiglitz			3510
Juan Antonio Garcia Amado			3330
Juan Carlos Cassagne	46		
Juan Luis Requejo Pagés		12	
Julián Marías			3510
Juliano Machado Pires			4430
Julio Fabbrini Mirabete			3916
Julio V. Gonzalez García	130		
Jürgen Habermas	101, 144		3510
Karl Heinz Schwab			4414
Karl Larenz		29, 30	4578
Karl Marx			3510
Karl Poper	144		
Keith Moore L.			3510
Kenneth Clinton Wheare			2872
Klaus Stern			2999
Konrad Hesse	46, 101, 130, 132	29, 30	4125, 4277, 2650, 4578, 3510
Krebs, Freiheitsschutz durch Grundrechte	46		
L. G. Grandinetti Castanho de Carvalho	130		
Larry Kramer			4414
Larry R. Cochard			3510

Leandro Paulsen			1648
Lenio Luiz Streck	132		4277
Léo Ferreira Leoncy			4167
Léon Duguit	46		
Leonardo Boff	101		
Leonardo Greco			4414
Letícia de Nobrega Cesarino			3510
Liam Murphy			2556, 2568, 4033
Lisboa Marcello Caetano	46		
Louis Favoreu		12, 29, 30	4578, 4222
Lourival Vilanova			3089
Lucas Rocha Furtado	144		3430, 3857
Lúcia de Oliveira Fernandes	101		
Lúcia Valle Figueiredo	144	12	
Luciano Eusebi			3510
Luigi Ferrajoli	144	29, 30	4414, 4578
Luigi Franco Pizzolato	101		
Luis Roberto Barroso	130	29, 30	4414, 3430, 3895, 2736, 4029, 4578, 4222, 3510
Luiz A. David Araújo	100		
Luiz Alberto D´Azevedo Aurvalle	101		
Luiz Arruda Villela			875, 1987, 2727, 3243
Luiz Edson Fachin	132		4277
Luiz Eugénio Mello			3510
Luiz Flávio Gomes	130,144		4274
Luiz Fux			4414
Luiz Gonzaga de Mello Belluzzo	144		
Luiz Guilherme Marinoni	130		

Luiz Manoel Gomes Júnior	130		
Luiz Mott	132		4277
Luiz Pinto Ferreira		29, 30	
Luiz Salem Varella	132		4277
Luiz Virgílio Afonso da Silva	130		3934
Machado Guimarães			4414
Manoel da Costa Andrade	130		
Manoel de Oliveira Franco Sobrinho		12	
Manoel Gonçalves Ferreira Filho	130, 144		980, 2736, 3330
Manuel Alceu Affonso Ferreira	130		
Manuel Medina Guerrero	12		
Marcello Caetano			1706
Marcelo Firpo de Souza	101		
Marcelo Goldenstein	101		
Marcelo Neves			4097, 4222
Marcelo Zenkner			4163
Marco A. Janssen	101		
Marco Antonio Zago			3510
Marco Túlio de Carvalho Rocha			484
Marcus V. Furtado Coelho	29, 30		4578
Maria Berenice Dias	101		4277
Maria Helena Diniz	144		
Maria Martin Sanchez	132		4277
Maria Sylvia Zanella Di Pietro	46 ,144, 150	12	3583, 4163, 4154
Maria Tereza Sadek			4056
Mário A. R. Midón			4029
Mário Guimarães			4414
Mário Torres	144		

96

Márlon Jacinto Reis		29, 30	4578
Matos Peixoto			4578
Maurice Duverger			4430
Maurizio Cotta			4430
Mauro Cappelletti			4163, 4414
Mauro Roberto Gomes de Mattos	144		
Max Horkheimer			3510
Max Scheler	132		4277
Meirelles Teixeira			4078
Mia Couto	101		
Michael Inwood	144		
Michael Lowy			3510
Michael Mulkay			3510
Michel Temer	144		
Miguel Beltrán de Felipe	130		
Miguel Kfouri Neto			2875
Miguel Kottow			3510
Miguel Montoro Puerto		29, 30	
Miguel Reale			2736, 3895, 3510
Miguel Seabra Fagundes			4125
Minisa Nogueira Napolitano	132		4277
Mirielle Delmas-Marty	101		
Misabel Derzi			3089
Moacir César Pena Júnior	132		4277
Montesquieu			3999, 4093, 4086
Nagib Slaibi Filho	144		
Nancy Fraser	132		4277
Neil Vidmar			4414

Nelson Hungria			3510
Nelson Nery Jr	144		3825, 4414
Nelson Rodrigues			2937
Nicola Abbagnamo			3510
Nicos Poulantzas	101		
Nika Fernandes Donadio			3510
Nika Fernandes Donadio			3510
Nilo de Bairros Brum			3826
Nina Beatriz Stocco Ranieri			3330
Norberto Bobbio	130		3510
Octavio Bueno Magano			4422
Octavio Paz	130		
Odete Medauar	46		3583
Olavo Brasil Lima Jr.			4430
Olivar Coneglian			4430
Orides Mezzaroba			4430
Oswaldo Aranha Bandeira de Mello			2650, 2999
Oswaldo Luiz Palú		16	
Oswaldo Trigueiro de Albuquerque Melo			3895
Otto Lara Resende			3510
Ovídio A. Baptista da Silva	147		
Owen Fiss	130		
Pablo Lucas Verdú	46	29, 30	4578
Padre Vieira	144		
Paolo Biscaretti di Ruffia		29, 30	4578
Patricia Perrone Campos Mello		29, 30	4578
Patrick Devlin	132		4277
Paul Veyne	144		

Paul Virilio	144		
Paulo Adib Casseb			4029
Paulo Affonso Leme Machado	101		
Paulo Arantes	144		
Paulo Ayres Barreto			3330
Paulo Bonavides	46, 132		4277, 4167
Paulo de Barros Carvalho			1648
Paulo Galliez			3965, 3089
Paulo Gustavo Gonet Branco	101, 130	29, 30	4078, 4578, 875, 3791, 1987, 2727, 3243, 4125
Paulo Luiz Netto Lobo	132		4277
Paulo Roberto Iotti Vecchiatti	132		4277
Pedro Cardim	132		4277
Pereira Neto	130		
Peter Häberle	132	29, 30	4277, 2937, 4029, 4078, 4578, 3510
Pierangelo Catalano			3510
Pierre-Louis Fagniez			3510
Pieter J. Van Beukering	101		
Pietro Perlingieri	132, 144		4277
Pimenta Bueno	130, 132	12	4277, 4414
Pinto Ferreira	132, 144		2736, 3895, 4277, 4578
Platão	144		3772
Plutarco			3965
Protágoras			3510
Rafael Bielsa		29, 30	4578
Rafael de Asís Roig	130		
Raffaele de Giorgi	101		
Raffaele Garofalo	144		

Name	Col2	Col3	Col4
Raul Machado Horta	101		4364, 4375, 4430, 3896, 3905, 4083, 4391, 2182, 2650, 4432, 4568, 2876
Ray Raphael	132		4277
Remo Bodei	101		
Renata da Rocha			3510
Renato Alessi			1706
Renato Ventura Ribeiro	144		
Rene Ariel Dotti	130		
René Descartes	132		4277
Renir Santos	101		
Reva Siegel		29, 30	4578
Ricardo Guastini	101		
Richard K. Burt			3510
Richard Palmer	46		
Robert Alexy	101, 130, 132, 144		4277, 3934, 4029, 3510
Robert Post		29, 30	4578
Roberto Amaral			4430
Roberto Civita	130		
Roberto Manguabeira Urger			3330
Roberto Wider			3510
Rodolf Ponce de León	130		
Rodrigo da Cunha Pereira	132		4277
Rodrigo Tostes de Alencar Mascarenhas			3343, 4478
Roger Raupp Rios	132		4277
Rogério Lauria Tucci			3825, 4414
Rogério Sanches Cunha			4274
Romário de Araújo Mello			3510
Ronald Dworkin	130, 132		4277, 3510

Ronaldo Vainfas	132	4277
Roque Antonio Carrazza		1648
Rosa Maria de Andrade Nery	144	
Rubens Aprobato Machado		3934
Rubens Requião	132	4277
Rudolf Smend		4078
Rui Barbosa	46, 130, 144	2872
Rui Cirne Lima	144, 46	1706, 2999
Rui Medeiros	132	875, 1987, 2727, 3243, 4277, 3510
Russel Korobkin		3510
Sacha Calmon Navarro Coelho		1247, 1648, 3330
Salvador Massano Cardoso	101	
Samuel Dal-Farra Naspolini		4430
Santo Agostinho		3510
São Tomás de Aquino	144	3510
Saul Tourinho Leal	132	4277
Scott		3510
Scott Lash		3510
Seabra Fagundes		4414, 4167
Sérgio Cavalieri Filho	130	
Sérgio D. J. Pena		3330
Sérgio da Silva Mendes		3510
Sérgio Demoro Hamilton		4414
Sérgio Fernando Moro	130	
Sérgio Pinto Martins		4364
Sérgio Prado		875, 1987, 2727, 3243
Sérgio Resende de Barros		3176
Sérgio Sérvulo da Cunha	132	4277, 4430

Serpa Lopes		29, 30	4578
Silmara J. A. Almeida			3510
Silmara J. A. Almeida			3510
Silvio Moraes			3965
Simone Schreiber		29, 30	4578
Solidonio Leite Filho	130		
Soren Schonberg		29, 30	4578
Stephanie Schwartz Driver	132		4277
Stevens Rehen			3510
Sueli Gandolfi Dallari			3510
Suzana Borges Viegas de Lima	132		4277
Suzana de Toledo Barros	130		3510
T. V. N. Persaud			3510
Taísa Ribeiro Fernandes	132		4277
Terriou			3510
Tesarik			3510
Theodor Viehweg			3330
Thiago André Pierobom Ávila			3096
Thiago Luiz Santos Sombra	130		
Thomas B. Okarma			3510
Thomas M. Cooley	144		
Tom Zé			3510
Tomas Nagel			2556, 2569, 4033
Tulio Ascarelli	101		
Uadi Lammégo Bulos			3583, 2736, 4154, 4078, 4222
Ubirajara Custódio			3386
Ulhoa Canto			3330
Ulrich Battis	46, 130		

Ulrich Beck			3510
Umberto Eco			3510
Valério de Oliveira Mazzuoli	144, 130		
Van Montfoort			3510
Vanice Regina Lírio do Valle		29, 30	4578
Verônica de Jesus Gomes	132		4277
Vezio Crisafulli	144		
Vicent Bourget			3510
Vicente de Carvalho	130		
Vicente de Paulo Barretto	132		4277
Vicente Ráo		29, 30	4578
Vicenzo Manzini	144	29, 30	4578
Victor Nunes Leal			2182, 4430
Vidal Serrano Nunes Júnior	100, 130		
Vieira de Andrade			4578
Vital Moreira	130		3510
Vitalino Canas			3773
Vivian Girardi	132		4277
Vladimir Passos de Freitas			4078
Walber de Moura Agra			4167, 4430
Waldemir Quadros			875, 1987, 2727, 3244
Walter Ceneviva	130		
Walter Krebs	130		
Wanhamarh Krebs	130		
Washington de Barros Monteiro			3510
Weber Martins Batista	144		
William Terra de Oliveira			4274
Wilson Steinmetz	130		

103

Wolfgang Hoffmann-Riem			875, 1987, 2727, 3243
Wolf-Rudiger Schenke			875, 1987, 2727, 3243
Xavier de Albuquerque			4422
Zeno Veloso	100	16	2736

Capítulo IV

Tribunal Constitucional entre o Direito e a Política. A Fiscalização Preventiva da Constitucionalidade

Armindo Lopes Ribeiro Mendes
Teresa Da Cunha Lopes

4.1 A Fiscalização Preventiva da Constitucionalidade

A experiência constitucional de diferentes países nos dois últimos séculos após o triunfo dos regimes liberais constitucionais, na sequência das Revoluções Francesa e Americana, mostra que têm sido ensaiados diversos modelos de fiscalização de constitucionalidade

No modelo francês tradicional, o controlo da constitucionalidade das leis era político e cabia ao órgão parlamentar, porque este tinha o poder de formular a expressão normativa da vontade geral, visto os respectivos membros serem os legítimos representantes do povo, único titular do poder legislativo. Em algumas constituições francesas a fiscalização parlamentar era realizada sem qualquer especialidade pelo plenário da assembleia legislativa. Na Constituição de 1795, a fiscalização da constitucionalidade das leis passou a ser feita por uma câmara parlamentar especializada, o Conselho dos Anciãos.

Após a Segunda Guerra Mundial, a França ensaiou modelos

de fiscalização preventiva de constitucionalidade relativamente a leis em processo de formação. Surge, assim, na Constituição da IV República, aprovada em 1946, o Comité Constitucional, órgão político ad hoc composto pelo Presidente da República, pelos presidentes das duas câmaras legislativas e por 10 membros eleitos pela Assembleia Nacional e pelo Conselho da República, que exercia preventivamente a fiscalização da constitucionalidade das leis ordinárias já aprovadas, a requerimento das próprias câmaras legislativas.

Este modelo veio a ser acolhido na Constituição da V República, aprovada em 1958, com a criação do Conselho Constitucional.

Outro modelo político de fiscalização da constitucionalidade das leis foi teorizado pelos publicistas germânicos, influenciados pela teoria do poder moderador de BENJAMIN CONSTANT. Nesse modelo, cabe ao Chefe de Estado o poder supremo de fiscalizar a constitucionalidade das leis, no momento de as promulgar ou vetar.

CARL SCHMITT sustentou, face aos arts. 48.º e 70.º da Constituição de WEIMAR, que o Chefe de Estado, o Protector da Constituição, devia assegurar a fiscalização da constitucionalidade das leis, atendendo à sua legitimidade democrática que contrabalança a legitimidade representativa do órgão parlamentar. Todavia, a sua doutrina acabou por sofrer do descrédito resultante do advento do Nacional-Socialismo e dos desenvolvimentos dramáticos do chamado Führerprinzip. [47]

Aos modelos de fiscalização política da constitucionalidade das leis vêm-se contrapor os modelos jurisdicionais de controlo dessa constitucionalidade.

No início do século XX, o grande constitucionalista inglês A. V. DICEY explicava deste modo os diferentes significados de uma "lei inconstitucional":

> 1. a expressão quando aplicada a uma lei parlamentar inglesa significa simplesmente que essa lei seria, na opinião do autor da qualificação, contrária ao espírito da Constituição inglesa, sem que tal quisesse significar que era nula ou constituía uma violação jurídica;

> 2. a expressão aplicada a uma lei aprovada pelo Parlamento francês na III República significava que "tal lei, por ex., ao ampliar a duração do mandato do Presidente, é contrária aos artigos da constituição. A expressão não significa necessariamente que a lei em questão seja nula, porque não é de modo algum seguro que qualquer tribunal francês se recuse a dar execução à lei porque é inconstitucional. A palavra seria provavelmente, embora não necessariamente, uma expressão de

---

[47](1) Sobre estes modelos políticos de fiscalização de constitucionalidade, veja-se Carlos Blanco de Morais, *Justiça Constitucional,* Tomo I, Garantia da Constituição e Controlo da Constitucionalidade, I, 2.ª ed., Coimbra, Coimbra Editora, 2006, págs. 265 e segs.

censura, quando utilizada por um francês"
(48).
,

3.   A expressão aplicada a uma lei do Congresso norte-americano significa simplesmente que a lei está para além da competência do Congresso e é, por isso, nula. A palavra não acarreta necessariamente neste caso qualquer censura. Um americano poderia dizer, sem qualquer incoerência, que certa lei do Congresso era uma boa lei, isto é, uma lei considerada benéfica para o País, em sua opinião, mas que, infelizmente, era inconstitucional, ou seja, ultra vires e nula.

A referência a esta nota de DICEY serve para mostrar que, durante a I Grande Guerra, só se conhecia o modelo norte-americano de fiscalização jurisdicional da constitucionalidade das leis, que se desenvolvera a partir do caso Marbury v. Madison julgado pelo Supremo Tribunal Federal em 1803 e que tivera influência em constituições latino-americanas, como a brasileira de 1891, e na Constituição portuguesa de 1911. Trata-se de um modelo de fiscalização difusa, sucessiva e concreta (judicial review).

O outro grande modelo de fiscalização jurisdicional da

48(1) *Introduction to the Study of the Law of the Constitution*, 8.ª ed., 1915, reimpressão, Liberty Fund, Indianapolis, 1982, pág. 372.

constitucionalidade surge apenas no após-guerra com a Constituição austríaca de 1920, inspirada na teorização de HANS KELSEN, o qual foi um dos redactores dessa Constituição. Aí aparece instituído pela primeira vez um Tribunal Constitucional, com competência exclusiva para exercer o controlo concentrado da fiscalização da constitucionalidade. Este modelo privilegiava a fiscalização abstracta sucessiva de normas jurídicas ou actos do Executivo através de uma acção directa de constitucionalidade que podia ser exercida por certas entidades. Nas palavras de HANS KELSEN, "enquanto tribunal constitucional no sentido próprio de palavra, ou seja, com a função de proteger a Constituição, a Corte [o Tribunal] Constitucional decide sobre a inconstitucionalidade das leis, assumindo uma posição excepcional em face de todos os outros tribunais e autoridades administrativas. A estes, segundo a Constituição austríaca e a maioria das outras constituições, está vedado o controlo das leis, ainda que decerto – e não poderia ser de outra forma – não completamente. Uma possibilidade mínima de controle deve existir, pois as autoridades estão obrigadas a aplicar as leis e para isso devem verificar se estão de facto diante de uma lei, ou seja, aquilo que se apresenta como lei corresponde ao menos a certos requisitos mínimos" [49].

Só depois da Segunda Guerra Mundial e da derrota do

49(1) "A Jurisdição Constitucional e administrativa a serviço do Estado federativo segundo a nova Constituição federal austríaca de 1.º de Outubro de 1920", in Hans Kelsen, *Jurisdição Constitucional,* Trad. Brasileira, Martins Fontes, São Paulo, 2003, pág. 20.

Regime Nazi surgiram novos tribunais constitucionais inspirados no modelo concentrado de Kelsen. É o caso do Tribunal Constitucional federal alemão previsto na Lei Fundamental de Bonn (1949) e do Tribunal Constitucional italiano, previsto na Constituição de 1947 mas que só iniciou funções em 1956.

Nas competências destes tribunais constitucionais não aparece a fiscalização preventiva da constitucionalidade dos actos normativos com carácter geral.

Em todo o caso, aparecia na Constituição italiana um controlo preventivo abstracto de constitucionalidade das leis regionais que era confiado ao Tribunal Constitucional, nos termos do art. 127.º daquela Constituição (texto anterior à Lei Constitucional n.º 3/2001). O Comissário do Governo na Região devia apor o seu visto à lei regional no prazo de trinta dias a contar da comunicação do texto, antes da promulgação. Quando o Governo da República considerasse que a lei aprovada pelo Conselho Regional excedia a competência da região ou estava em contradição com os interesses nacionais ou de outras regiões, devolvia-a ao Conselho Regional. No caso de haver confirmação da lei por maioria absoluta no Conselho Regional, o Governo da República podia suscitar a questão da sua legitimidade constitucional perante o Tribunal Constitucional ou submeter o diploma a fiscalização política perante as câmaras parlamentares. O Tribunal Constitucional determinava, em caso de dúvida, a que órgão pertence a competência. A partir de 2001, foi eliminada a fiscalização preventiva, passando o Governo da República a poder submeter a lei regional tida por contrária à Constituição a fiscalização abstracta sucessiva pelo Tribunal Constitucional.

Uma situação análoga é regulada no art. 138.º, n.º 2, da Constituição austríaca, em que se confere ao Tribunal Constitucional o poder de decidir se a competência para a aprovação de um acto legislativo ou administrativo pertence à Federação ou aos Estados federados (Länder).

Também na Constituição da República da Irlanda está prevista a possibilidade de o Presidente da República suscitar a fiscalização preventiva de constitucionalidade de certas leis. Há exemplos de fiscalização preventiva na Roménia e no Chile e, em certas hipóteses, na Hungria, Colômbia e Venezuela.

Deve notar-se, porém, que no modelo de fiscalização jurisdicional concentrada é relativamente rara a existência de controlo preventivo ou a priori de constitucionalidade.

A Constituição portuguesa constitui uma excepção a essa orientação tradicional, como veremos à frente.

No direito constitucional espanhol existe um controlo preventivo sui generis da constitucionalidade de tratados internacionais, inspirado no art. 54.º da Constituição francesa de 1958. Segundo o n.º 1 do art. 95.º desta Constituição, a celebração de um tratado internacional que contenha estipulações contrárias à Constituição exigirá a prévia revisão constitucional, prevendo o n.º 2 que a questão da apreciação de tal contraditoriedade cabe ao Tribunal Constitucional, a requerimento do Governo ou de qualquer das Câmaras [50].

No plano do direito infra—constitucional vigorou em Espanha entre 1979 e 1985 uma solução de fiscalização preventiva dos projectos dos Estatutos das comunidades autónomas e das leis orgânicas, a requerimento do Presidente do Governo, de cinquenta deputados ou de cinquenta senadores, do Defensor do Povo (Provedor de Justiça) ou dos órgãos executivos e legislativos das Comunidades Autónomas (arts. 79.º e 80.º da Lei Orgânica do Tribunal Constitucional, primitiva redacção). Tal controlo preventivo terminou por causa das críticas generalizadamente suscitadas.

4. 2 A Fiscalização Preventiva da Constitucionalidade em Portugal

GOMES CANOTILHO e VITAL MOREIRA, na primeira obra de anotação da Constituição da República Portuguesa de 1976, referem que o sistema de fiscalização da constitucionalidade que "acabou por ser definido na Constituição, tem as suas raízes na tradição constitucional portuguesa, nas soluções da ordem

---

[50][1] Veja-se igualmente o art. 79.º da Lei Orgânica do Tribunal Constitucional, redacção vigente. Deve notar-se que a jurisprudência do Tribunal Constitucional alemão admite a fiscalização preventiva de constitucionalidade em relação a leis que aprovem tratados internacionais (cfr. Zeno Veloso, *Controle Jurisdicional De Constitucionalidade*, Belém, Cejup, 1999, págs. 174-175, citando Louis Favoreu).

constitucional revolucionária, bem como nas ideias que, desde a primeira Plataforma de Acordo Constitucional (PAC I), tendiam a conferir papel relevante ao CR [Conselho da Revolução] neste domínio". [51]

A Segunda Plataforma Constitucional MFA – Partidos estabeleceu o quadro fundamental da fiscalização da constitucionalidade que passou para a Constituição de 1976. Manteve-se o sistema tradicional de fiscalização judicial difusa – que nunca teve entre nós relevância prática assinalável – mas combinado com um sistema de fiscalização não judicial concentrada abstracta a cargo do Conselho da Revolução, órgão de soberania político-militar. Esse sistema complexo de fiscalização de constitucionalidade acolheu certos "elementos profundamente inovadores" (GOMES CANOTILHO e VITAL MOREIRA): a previsão de dois novos tipos de fiscalização de constitucionalidade sem qualquer tradição histórica (a fiscalização abstracta preventiva e a fiscalização da inconstitucionalidade por omissão, ambas a cargo do Conselho da Revolução); a criação de um órgão de fiscalização concreta da constitucionalidade, a Comissão Constitucional, composta por juízes e por outros juristas e presidida por um membro do Conselho da Revolução, a qual exercia também funções consultivas do Conselho da Revolução na fiscalização abstracta e das omissões legislativas; o

---

[51][(1)] Constituição da República Portuguesa Anotada, Coimbra, Coimbra Editora, 1978, pág. 477.

carácter não definitivo das decisões dos tribunais das diversas ordens em matéria de constitucionalidade.

A fiscalização preventiva de constitucionalidade pelo Conselho da Revolução era claramente inspirada pela solução francesa de confiar ao Conselho Constitucional tal tipo de fiscalização (art. 61.º, n.º 1, da Constituição francesa de 1958) [52].

Na versão originária da Constituição de 1976, o art. 277.º conferia a dois órgãos constitucionais distintos, o Presidente da República e o Conselho da Revolução, a possibilidade de desencadear a fiscalização preventiva da constitucionalidade "dos decretos remetidos ao Presidente da República para serem promulgados como lei ou decreto-lei ou que consistam na aprovação de tratados ou acordos internacionais". Competia ao Conselho da Revolução pronunciar-se sobre a constitucionalidade do diploma no prazo de vinte dias, podendo esse prazo ser encurtado pelo Presidente da República, no caso de urgência. Era necessário obter previamente o parecer da Comissão Constitucional sobre a constitucionalidade dos diplomas submetidos a fiscalização preventiva (art. 284.º, alínea a)), podendo este órgão sugerir ao Conselho da Revolução a

---

52

[1] Este artigo da Constituição francesa dispõe: "As leis orgânicas, antes da promulgação, e os regulamentos das assembleias parlamentares, antes da sua aplicação, devem ser submetidas ao Conselho Constitucional, o qual se pronuncia sobre a respectiva conformidade à Constituição". Além da Constituição anotada referida, vejam-se Jorge Miranda, *Manual de Direito Constitucional,* VI, Coimbra, Coimbra Editora, 2.ª ed., 2005, págs. 143 e segs e C. Blanco de Morais, ob cit, I, págs. 300 e segs.

fiscalização preventiva da constitucionalidade de diplomas legais.

Havia um segundo caso de fiscalização preventiva da constitucionalidade quanto aos diplomas elaborados pelas Regiões Autónomas dos Açores e da Madeira (decretos regionais e regulamentos das leis gerais da República). Quando tais diplomas fossem enviados ao Ministro da República para serem assinados e publicados, este podia suscitar a questão da inconstitucionalidade desses diplomas perante e Conselho da Revolução, nos termos e para os efeitos dos arts. 277.º e 278.º da Constituição (art. 235.º, n.º 4, da versão originária da Constituição).

Entre 1976 e 1983, o Conselho da Revolução apreciou em fiscalização preventiva 64 diplomas, tendo o Presidente da República tomado a iniciativa da fiscalização em 29 casos e o Conselho da Revolução em 35 casos.

No ano de 1979, em que havia Governos de iniciativa presidencial e uma maioria parlamentar circunstancial relativamente hostil ao Presidente da República, o General RAMALHO EANES exerceu mais frequentemente o poder de fiscalização preventiva da constitucionalidade, tendo atingido o número de 12 vezes em que o fez. Com "uma única excepção, os diplomas fiscalizados provinham da AR [Assembleia República]. Nesse período foram controlados os decretos sobre amnistia (que, como se recorda, abrangia infracções criminais e disciplinares do foro militar conexionadas com o 11 de Março e o 25 de

Novembro). [...], sobre alterações às Leis do Arrendamento Rural e da Reforma Agrária [...], sobre delimitação de competências entre a administração central e local[...], a alienação e oneração de bens de empresas nacionalizadas [...], os estatutos da RDP, as leis da radiotelevisão e da radiodifusão [...]. Todos estes diplomas, com uma única excepção (a lei de delimitação de competências entes a administração central e local, votada por unanimidade), foram aprovadas pelo PS e pelo PCP, contra o PSD, o CDS e os deputados independentes sociais democratas (ou com a sua abstenção). Imediatamente a seguir à aprovação destas leis, a AR foi dissolvida, culminando-se o processo de confronto entre o PR e o Parlamento. Nas eleições que se seguiram, o PSD e o CDS, coligados, obtiveram a maioria." [53]

No ano 1980, o Governo da Aliança Democrática entrou em confronto com o Conselho da Revolução e o próprio Presidente da República. O Conselho da Revolução fiscalizou sobretudo a acção legislativa do Governo, visto este, sendo apoiado por uma maioria parlamentar, ter disposto de frequentes autorizações legislativas para legislar. Foram então sujeitos a fiscalização legislativa vários diplomas "sensíveis": as três primeiras versões de alteração à lei dos sectores económicos, a nacionalização da DIALAP, os estatutos da RTP (duas versões) e da RDP.

---

[53][1] Miguel Lobo Antunes, "A fiscalização da constitucionalidade das leis no primeiro período constitucional: a Comissão Constitucional", in Análise Social, vol. XX (81-82), 1984, 2.º e 3.º, págs. 312-313.

Pode dizer-se que a fiscalização preventiva foi uma arma determinante na luta entre o Primeiro–Ministro SÁ CARNEIRO, o Presidente da República RAMALHO EANES e o Conselho da Revolução, sendo manifesto que o Governo daquele procurava aprovar diplomas legislativos que eram frontalmente contrários às soluções socializantes em matéria da Constituição Económica.

Como nota ainda MIGUEL LOBO ANTUNES, "a sujeição de um diploma ao controlo preventivo relevava de critérios políticos, e não apenas, ou sobretudo, de efectivas suspeitas de inconstitucionalidade", como é demonstrado pela comparação entre o que sucedeu com os Estatutos Político – Administrativos das Regiões Autónomas: só o Estatuto da Madeira foi "fiscalizado – e vetado, crivado que estava de inconstitucionalidades -, e não já o dos Açores, que esta longe de ser isento de mácula (…)". [54]

A conflitualidade extrema ocorrida em 1980 justifica que o Projecto de Revisão Constitucional elaborado, a solicitação da Aliança Democrática, por BARBOSA DE MELO, CARDOSO DA COSTA e VIEIRA DE ANDRADE (1981), propusesse que o futuro Tribunal Constitucional não tivesse competências de controlo preventivo da constitucionalidade. Propunha-se igualmente a supressão da fiscalização da inconstitucionalidade por omissão. Na mesma linha tinha ido o projecto pessoal de FRANCISCO SÁ CARNEIRO em que tiveram larga colaboração

---

[54](1) Artigo e revista cits., págs. 313-314.

MARCELO REBELO DE SOUSA e MARGARIDA SALEMA.
(55)

Nos trabalhos de revisão constitucional, o Deputado COSTA ANDRADE do PSD sustentou a eliminação da fiscalização preventiva baseada numa razão de inconveniência, "na medida em que a experiência demonstra que a fiscalização preventiva tem o grave inconveniente de politizar um pouco a actuação do Tribunal Constitucional. Queríamos que este ficasse mais distante da fogueira política para a qual a fiscalização preventiva é sempre atraída, segundo o reconhecimento generalizado". [56]

A defesa da manutenção da fiscalização preventiva da constitucionalidade foi assumida nesses trabalhos parlamentares pelo Deputado LUÍS NUNES DA ALMEIDA, antigo vogal da Comissão Constitucional eleito para o Parlamento nas listas da Frente Republicana e Socialista (FRS).

Os defensores da manutenção desta modalidade de fiscalização sustentavam que a mesma eram uma "indispensável válvula de segurança" do sistema, porque implicava o reforço do

---

55

[1] Uma Constituição para os Anos 80 – Contributo para Um Projecto de Revisão Constitucional, Lisboa, 1979. Sobre estas propostas veja-se António Araújo, "A Construção da Justiça Constitucional portuguesa: o nascimento do Tribunal Constitucional", in Análise Social, n.º 134, Quarta série, vol. XXX, 1995 – 5.º, págs. 918 e segs.

56

[1] Transcrito em José Mário Ferreira de Almeida, A Justiça Constitucional em Portugal. Notas para um Estudo, Lisboa, Cognitio, 1985, pág. 53, nota (50).

principio da constitucionalidade logo após a conclusão do processo legislativo, servia para impedir "a criação de factos consumados" (atendendo ao tempo de previsível demora da fiscalização abstracta sucessiva ou da fiscalização concreta, em que poderia haver irreversibilidade dos efeitos contrários à Constituição por força do caso julgado), inseria-se perfeitamente – tal como a solução francesa – no sistema político-constitucional português por ser "um mecanismo de independência entre órgãos de soberania", sobretudo no semi-presidencialismo português. Acrescia, no sentido da manutenção, "o facto de, aplicado ao âmbito das relações entre órgãos de Governo Regional e órgãos de soberania da República, prevenir e reprimir as eventuais subversões do princípio do Estado Unitário operadas pelos instrumentos normativos regionais, ou dos instrumentos normativos com origem nos órgãos da República ofensivos dos direitos das Regiões Autónomas". [57]

57

(1) José Mário Ferreira de Almeida, ob cit., pág. 54. Messias Bento, Juiz de carreira e vogal da Comissão Constitucional, formulou críticas à fiscalização preventiva da constitucionalidade, sustentando que a previsível criação do Tribunal Constitucional não devia pôr em causa a fiscalização concreta difusa pelos tribunais. Segundo este magistrado, era pouco desejável a manutenção da fiscalização preventiva, uma vez que "este tipo de controlo, incidindo sobre os próprios diplomas legais, antes de promulgados, pode facilmente arrastar o Tribunal para uma fiscalização de pendor político (é a tentação de ser um conselho de sábios, de que falámos atrás), dando, assim, azo a conflitos desnecessários entre o Poder Judicial e os Poderes Legislativo e Executivo" ("Breves Reflexões sobre a Fiscalização da Constitucionalidade", in Colectânea da Jurisprudência, VII, 1982, tomo 1.º, pág. 31). Messias Bento sustentava que sempre caberia ao Presidente da República exercer o seu veto político para atalhar a diplomas inconstitucionais.

Igualmente seria indesejável manter, após a revisão constitucional, a fiscalização da inconstitucionalidade por omissão.

A verdade é que não houve a maioria necessária para suprimir, na revisão constitucional de 1982, os tipos de fiscalização abstracta preventiva e da fiscalização da inconstitucionalidade por omissão.

O Tribunal Constitucional começou a funcionar em Abril de 1983 e manteve as competências de Conselho de Revolução e de Comissão Constitucional nos domínios da fiscalização preventiva da constitucionalidade de normas jurídicas – e não de diplomas, como sucedida na versão originária da Constituição de 1976 – e da fiscalização da inconstitucionalidade por omissão, a par das outras competências "pacíficas" (fiscalização abstracta sucessiva da constitucionalidade de normas e fiscalização concreta).

Segundo o n.º 1 do art. 278.º da Constituição, versão da I Revisão Constitucional, o "Presidente da República pode requerer ao Tribunal Constitucional a apreciação preventiva da constitucionalidade de qualquer norma constante de tratado submetido para ratificação, de decreto que lhe tenha sido enviado para promulgação como lei ou como decreto-lei ou de acordo internacional cujo decreto de aprovação lhe tenha sido remetido para assinatura.

Também os Ministros da República mantêm a competência para requerer ao Tribunal Constitucional a apreciação preventiva da constitucionalidade de qualquer norma constante de decreto legislativo regional ou de decreto regulamentar da lei geral da República que lhes tenham sido enviados para assinatura (art.

278.º, n.º 2, da Constituição revista).

A II Revisão Constitucional, ultimada em 1989, previu um regime específico para a fiscalização preventiva de leis orgânicas. Segundo o novo n.º 4 do art. 278.º da Constituição, podem requerer ao Tribunal Constitucional "a apreciação preventiva da constitucionalidade de qualquer norma constante de decreto que tenha sido enviado ao Presidente da República para promulgação como lei orgânica, além deste, o Primeiro-Ministro ou um quinto dos Deputados à Assembleia da República em efectividade de funções". [58]

Nesta revisão constitucional alargaram-se igualmente os prazos para o Presidente da República requerer a fiscalização preventiva (de 5 para 8 dias) e para o Tribunal Constitucional se pronunciar (de 20 para 25 dias, prazos que podem ser encurtados pelo Presidente da República).

As revisões constitucionais subsequentes não alteraram as normas respeitantes à fiscalização preventiva da constitucionalidade.

4.3 Direito e Política na Fiscalização Preventiva da

---

[58](1) António Vitorino nota que a II Revisão Constitucional consagrou a figura das leis orgânicas, tuteladas por um regime novo de fiscalização preventiva de constitucionalidade, passando a estar previstos na Constituição "preceitos novos que conferem ao Tribunal Constitucional competências para apreciar e declarar a ilegalidade de actos legislativos com fundamento na violação de leis com valor reforçado" (Prefácio a Constituição da República Portuguesa, ed. da AAFDL, Lisboa, 1989, pág. LXXI). Vejam-se ainda Gomes Canotilho e Vital Moreira, Constituição da República Portuguesa Anotada, 3.ª ed., Coimbra, Coimbra Editora, 1993, págs. 1004-1005.

Constitucionalidade

Como refere FRANCK MODERNE, "o afrontamento entre o juiz constitucional e o poder legislativo resulta de maneira muito previsível das próprias características do controlo abstracto de constitucionalidade: o juiz intervém depois de a lei ter sido votada, com base em critérios jurídicos (a conformidade da norma legislativa com a norma constitucional), fora do aparelho judiciário ordinário, e a declaração de inconstitucionalidade eventualmente pronunciada produz efeitos radicais pois que interdita a promulgação da lei submetida [a fiscalização], cujos efeitos se encontram anulados." [59]

O mesmo publicista francês considera que este risco é mais fraco nos sistemas de controlo difuso, em que o juiz ordinário competente para apreciar a inconstitucionalidade da lei só pode afastar a sua aplicação no litígio que lhe é submetido, sem que a sua decisão tenha força obrigatória geral.

O que é curioso, como salienta ainda FRANCK MODERNE, é que o juiz constitucional, que começa por ser considerado por HANS KELSEN como um "legislador negativo,", vem a comportar-se antes como um "legislador positivo". É natural que, nas relações com o Parlamento, o juiz constitucional sinta a tensão entre a sua própria legitimidade e a legitimidade da maioria parlamentar.

59

[1] "Le Juge Constitutionnel face aux Pouvoirs Publics", in Anuário Português de Direito Constitucional, vol I, 2001, ed. Coimbra Editora, pág. 69.

Em especial no que toca à França, na V República, o Conselho Constitucional iniciou as suas funções como um órgão de controlo político da legislação no regime semipresidencialista de DE GAULLE mas "rapidamente se erigiu em juiz da constitucionalidade das leis, no sentido pleno da expressão", não hesitando "em estender as normas de referência do controlo de constitucionalidade muito para além da Constituição propriamente dita (o «bloco de constitucionalidade» compreende hoje, além do texto constitucional, a Declaração dos Direitos do Homem e do Cidadão de 1789, o Preâmbulo da Constituição de [1946], o Preâmbulo da Constituição de 1958 e os princípios fundamentais reconhecidos pelas leis da República), o que abriu a via à protecção constitucional dos direitos fundamentais". [60]

Deve notar-se que, se a fiscalização preventiva em França se enraizou profundamente, contando com uma experiência de mais de quarenta anos, em contrapartida, em Espanha, a fiscalização preventiva de constitucionalidade que existiu entre 1980 e 1985 em relação às leis orgânicas e aos estatutos autonómicos foi fonte de graves conflitos políticos, tantos mais que se verificava a circunstância agravante de não haver qualquer

---
60

[1] Franck Moderne, art. cit, ob. cit, págs. 72-73. Logo em 1966, André Hauriou afirmava que o Conselho Constitucional tinha um carácter ambíguo, visto as suas competências terem, no essencial, carácter jurisdicional, embora pelo modo de designação dos seus membros e pela sua composição de facto, "tenha um carácter político marcado. Ocorre, todavia, assinalar que esta última característica tende a atenuar-se" (Droit Constitutionnel et Institutions Politiques, Paris, Montchrestien, 1966, pág. 765).

prazo para o Tribunal Constitucional decidir esses pedidos, tendo ocorrido casos em que o atraso do Tribunal Constitucional espanhol implicou que leis importantes não tivessem entrado em vigor durante vários anos. A tensão entre o órgão legislativo (sobretudo entre a maioria e, de forma indirecta, o Presidente do Governo) por um lado, e o Tribunal Constitucional acabou por se tornar insuportável, tendo sido abandonado esse controlo preventivo. [61]

Especificamente no que toca à experiência portuguesa de fiscalização preventiva da constitucionalidade, parece poder afirmar-se que a relevância claramente política das decisões tiradas pelos órgãos de controlo neste tipo de processos de fiscalização se tem atenuado ao longo dos anos.

Como vimos atrás, no primeiro período constitucional o Conselho da Revolução tinha a competência para a fiscalização preventiva da constitucionalidade mas, de um modo geral, seguiu o parecer do órgão de consulta jurídica que era a Comissão Constitucional. Dos 213 pareceres elaborados no domínio da fiscalização abstracta preventiva e sucessiva, só em 13 casos (representando 6% do total) é que o Conselho da Revolução não seguiu na totalidade as conclusões desses pareceres [62]. Em 8

61

[1] Vejam-se, entre outros, Franck Moderne, art. cit., ob. cit., pág. 73.

62

[1] Miguel Lobo Antunes, estudo e revista cits., págs. 322. Ver ainda Armindo Ribeiro Mendes, El Consejo de la Revolución y la Comisión Constitucional. El Control de Constitucionalidad de las Leyes (1976/1983), Revista de Estudios Políticos (Nueva Época), nos 60-61, Abril-Setembro de 1988, págs. 849 e segs.

desses 13 casos em que o Conselho da Revolução divergiu do parecer da Comissão Constitucional, tal parecer fora aprovado por uma maioria tangencial (5 contra 4 votos), acabando aquele Conselho por seguir a tese minoritária por razões de ordem eminentemente política. Mas as decisões do Conselho da Revolução no período da Aliança Democrática foram acolhidas com amplas críticas pela maioria no Poder.

Já no que toca ao Tribunal Constitucional, este órgão deixou de ter competências consultivas para passar a ter competências decisórias. Nos 98 processos apreciados ao longo destes quase 25 anos, são relativamente raras as maiorias tangenciais [63] e as decisões tiradas são, de um modo geral, acatadas sem grande crítica, nos últimos anos.

O modo de escolha dos juízes constitucionais é político, o que leva a imprensa sobretudo a considerar que é previsível o voto de cada juiz, em função da sua simpatia político-partidária.

Como referem PEDRO COUTINHO MAGALHÃES e ANTÓNIO ARAÚJO:

> "A natureza poítico-partidária quer dos obstáculos que sucessivamente se foram colocando à eleição dos juízes

---

[63(1)] Deve notar-se que, além deste 98 processos de fiscalização preventiva da Constitucionalidade de normas, o Tribunal Constitucional apreciou, em fiscalização preventiva da constitucionalidade e da legalidade, 6 propostas de referendo nacional, regulada pela Lei Orgânica n.º 15-A/98, de 3 de Abril alterada pela Lei Orgânica n.º 4/2005, de 8 de Setembro.

constitucionais, quer dos acordos que os superaram deu azo a que um número crescente de observadores salientasse os aspectos eminentemente políticos da composição e funcionamento do Tribunal Constitucional. Os meios de comunicação social identificaram uma «ala esquerda» e uma «ala direita» no corpo de juízes, quer na sua composição anterior, quer na presente [...], chocando aqueles que imaginavam que o TC [Tribunal Constitucional] existia «para estar acima de interesses partidários» e alinhando «os seus membros [...] como se fosse um jogo de hóquei em patins» [...]. Para além de atribuir rótulos político-partidários aos conselheiros do Palácio Ratton, a imprensa deu ainda a entender que tais rótulos permitiriam prever o comportamento de voto dos juízes e, em consequência, o sentido das decisões do Tribunal Constitucional [...] No dia 16 de Março [de 1998], na cerimonia da tomada de posse dos três juízes cooptados, o Presidente da República reagiu a essas observações, alertando para os perigos que resultariam para o Tribunal da tendência para revestir «a interpretação das suas decisões com uma linguagem tipicamente vocacionada para a análise do trabalho das assembleias representativas». Jorge Sampaio aludiu ainda à necessidade de «permitir que os juízes disponham de condições plenas para um exercício de funções isento de pressões, condicionamentos ou simplificações totalmente infundados»". [64]

Segundo ainda estes dois investigadores, é na fiscalização preventiva da constitucionalidade – a qual representa apenas cerca de 1,4% da produção jurisprudencial do Tribunal Constitucional – que aparecem "indícios mais seguros de uma «politização» do comportamento dos juízes" [65], visto que é ai que as questões políticas (por exemplo, impostos extraordinários; incriminação do aborto; alterações do processo penal; sigilo bancário e profissional; segredo de Estado; sistemas eleitorais, etc.) são apreciados por juízes de diferentes crenças religiosas, mundividências e opiniões políticas. Ainda como referem estes dois investigadores:

"A circunstância de a fiscalização preventiva poder ser utilizada como «arma política de arremesso» contra a maioria parlamentar em situações de coabitação

---

[64][1] "A Justiça constitucional entre o direito e a política: o comportamento judicial no Tribunal Constitucional Português" in Análise Social, Quarta Série, vol XXXIII, 1998, 1.º, 145, pág. 8. Os autores notam que os juízes da segunda composição (mandato de 6 anos iniciado em 1989) só foram substituídos em 1998, após uma prorrogação de facto do seu mandato por quase três anos, após a IV Revisão Constitucional de 1997. Este bloqueio passou relativamente despercebido e teve a ver com as eleições parlamentares de 1995, as presidenciais de 1996 e a substituição da liderança no PPD/PSD. A partir de 1998, o mandato dos juízes passou de 6 para 9 anos, não sendo renovável. Passou a haver uma renovação periódica e os juízes eleitos pela Assembleia da República passaram a ser eleitos em lista completa ou "fechada".

[65]

[1] Estudo e revista cits., págs. 23.

política entre o governo e o Presidente da República e constituir um «processo de fiscalização a quente» (Canotilho, 1994, 42), onde os juízes têm dificuldade em destrinçar os aspectos políticos e jurídicos das questões que lhes são colocadas e onde a opinião pública e os partidos estão particularmente atentos ao desfecho das decisões do Tribunal, sugerem que o «voto partidário» deverá ser mais intenso neste domínio particular de jurisdição constitucional". [66]

Na análise levada a cabo por ANTÓNIO DE ARAÚJO sobre os anos de 1989-1996 – período que abrange 7 anos de governo de CAVACO SILVA, apoiado numa maioria absoluta do PPD/PSD, sendo presidente MÁRIO SOARES, antigo Secretário Geral do PS, e que na sua primeira eleição tinha sido o candidato da esquerda – considera-se que é indispensável destrinçar na fiscalização preventiva os pedidos formulados pelo Presidente da República dos formulados pelos então Ministros da República nas Regiões Autónomas. Quanto aos pedidos com origem no

---

[66(1)] Estudo e revista cit., pág. 23. Sobre a fiscalização preventiva no período de 1989 a 1996, importa levar em conta a investigação de António de Araújo, autor que chama a atenção para a dificuldade de determinar o sentido de voto dos juízes quando nos processos de fiscalização preventiva são submetidas ao Tribunal diversas questões de constitucionalidade atinentes a diversas normas. Um exemplo flagrante de uma non – clear majority decision foi dada pelo Acórdão n.º 59/95 (in Acórdãos do Tribunal Constitucional, 30.º vol., págs. 79 e segs.) que incidiu sobre normas de um diploma sobre "controlo público de rendimento e património dos titulares de cargos políticos, em que cada um dos treze juízes votou apenas parte ou partes da decisão" (O Tribunal Constitucional (1989-1996) - Um estudo de comportamento judicial, Coimbra, Coimbra Editora, 1997, pág. 108.)

Presidente da República, reconhece este investigador que existe "dificuldade em descortinar uma linha condutora por detrás das respectivas maiorias e, mais ainda, em descortinar uma divisão clara entre dois grupos de juízes. Existem, de facto, decisões votadas por uma margem mínima (acórdãos n°s 256/90, 64/91, 363/91, 254/92, 285/92, 456/93 e 334/94), mas, ao mesmo tempo, também existem muitos acórdãos votados por unanimidade. Por outro lado, a multiplicidade de votos de vencidos e declarações de voto dificulta qualquer tentativa de explicação do comportamento dos juízes constitucionais." [67]

O autor vai averiguar então o número de vezes que cada juiz votou no sentido da constitucionalidade ou da inconstitucionalidade nos processos de fiscalização preventiva ao longo do período indicado, por considerar um indício seguro de um determinado comportamento de voto, na medida em que tem um significado "político" constante ao longo de todo o período temporal em que houve um mesmo governo, um mesmo Primeiro-Ministro, uma mesma maioria parlamentar e um mesmo Presidente da República (no seu segundo mandato, a partir de 1991).

Depois de elaborar um quadro desses votos por juiz formula a seguinte conclusão:

"Este quadro permite dividir, desde já, os

---

[67](1) O Tribunal Constitucional cit., pág. 119.

juízes em dois grupos distintos: de um lado, os juízes que se pronunciaram mais vezes pela não inconstitucionalidade do que pela inconstitucionalidade; do outro os juízes que tomaram a atitude inversa. Os resultados são concludentes: todos os juízes do primeiro grupo integram o chamado «bloco da direita»; em contrapartida, todos os juízes do segundo grupo integram o chamado «bloco da esquerda» […]" [68]

Por seu turno, PEDRO COUTINHO MAGALHÃES e ANTÓNIO ARAÚJO formulam no seu estudo de 1998, algumas conclusões em função da observação levada a cabo num período de 15 anos, relativamente à fiscalização preventiva da constitucionalidade de diplomas requerida pelo Presidente da República:

1.ª "As divisões que se verificam no

68

(1) O Tribunal Constitucional cit., pág. 120. No estudo já referido de Pedro Coutinho Magalhães e António de Araújo analisam-se algumas hipóteses sobre o comportamento judicial no Tribunal Constitucional Português, referindo-se as conexões partidárias dos juízes, nomeadamente atendendo ao processo de indicação partidária dos candidatos ao Tribunal Constitucional, afirmando-se que "o papel dos partidos na escolha dos membros do TC e a não-vitaliciedade do cargo fazem-nos esperar a predominância daquilo a que chamaremos o voto partidário no interior do Tribunal Constitucional português. Com o termo «voto partidário» queremos apenas designar o comportamento de voto adoptado individualmente por cada juiz do TC que, ao pronunciar-se acerca da inconstitucionalidade ou não inconstitucionalidade de actos legislativos, reproduz o comportamento de voto adoptado no parlamento pelo partido que o indicou para o cargo (respectivamente, contra ou a favor da aprovação da lei)" (pág. 21). Os mesmo Autores analisam os factores atenuantes do "voto partidário", nomeadamente a exigência de uma maioria qualificada para a eleição dos 10 juízes no Parlamento e, a partir de 1998, a proibição de renovação do mandato de juiz (ver págs. 22 e segs.).

interior do TC nos casos de fiscalização preventiva a pedido do Presidente da República são, em larga medida, explicadas pelas «conexões partidárias» dos juízes. Sublinha-se, todavia, que isto não equivale a afirmar que o TC é predominantemente um «Tribunal político», que os seus juízes são puros mandatários dos partidos ou que é possível encarar o Tribunal Constitucional como se de uma «segunda câmara legislativa» se tratasse [...]" [69];

2.ª "Os mecanismos causais que ligam os partidos ao comportamento de voto dos juízes não são inteiramente claros. Por um lado, é possível que o nexo causal predominante que conduz ao «voto partidário» se verifique na própria designação partidária dos membros do TC, que proporciona às lideranças dos partidos a possibilidade de preencherem lugares no tribunal com juízes que possuem as mesmas inclinações ideológicas. Por outro lado, é igualmente possível que o mecanismo causal se prolongue para além do momento da designação, fazendo com que durante o seu mandato os juízes votem de acordo com o partido que os designou, independentemente do nível de congruência ideológica existindo com as

[1] Estudo e revista cits., pág. 44.

lideranças partidárias. Tudo aponta para uma eventual <u>coexistência</u> destes mecanismos [...]" [70];

3.º "A «conexão partidária» dos juízes constitucionais, seja através de um ou de outro mecanismo causal não explica a totalidade da variação verificada em termos do sentido político do voto dos juízes, nem sequer nos casos onde os acórdãos são votados apenas por maioria (...)" [71].

Parece-nos importante dar a conhecer, ainda que superficialmente, as poucas investigações de natureza sociológica sobre o comportamento dos Juízes do Tribunal Constitucional, incidindo sobretudo no domínio de fiscalização preventiva da constitucionalidade. As conclusões destas investigações são extraídas a partir de um estudo cuidadoso de numerosas decisões do Tribunal Constitucional tiradas ao longo de quinze anos, tendo em atenção as diferentes composições deste órgão.

70

[1]<u>Estudo</u> e <u>revista</u> cits., pág. 44.

[71][1] Os Autores aventam para explicar tal verificação alguns factores: a regra de maioria qualificada para a eleição dos juízes, conduzindo à moderação das orientações ideológicas e das fidelidades partidárias; a disjunção entre as preferências ideológicas do partido e do juiz, permitida pela duração alargada do mandato dos juízes do Tribunal Constitucional; a importância atribuída pelos juízes à integridade institucional do Tribunal e à aplicabilidade final das suas decisões que pode levá-los a decidir "estrategicamente" (temperando preferências ideológicas ou fidelidades partidárias e tomando em consideração a amplitude do apoio político aos diplomas analisados). Deve notar-se que, no domínio de contencioso eleitoral, a esmagadora maioria das decisões são tiradas por unanimidade, contrariando tal ampla consensualidade as "conexões" partidárias dos juízes. Cfr. Armindo Ribeiro Mendes, "A Jurisprudência do Tribunal Constitucional em Matéria Eleitoral", in Revista <u>Eleições – Revista de Assuntos Eleitorais</u> do STAPE, n.º 4, 1997, págs. 18 s segs.

Talvez valha a pena analisar um número restrito de decisões tiradas pelo Tribunal Constitucional no domínio da fiscalização preventiva da constitucionalidade requerida pelo Presidente da República, em momentos diferentes do tempo e com composições diferentes do Tribunal, para melhor apreender os problemas postos a este Tribunal e as soluções diferentes para ele propugnadas.

O primeiro aresto do Tribunal Constitucional tirado em fiscalização preventiva incidiu sobre um imposto extraordinário criado em 1983 pela Assembleia da República quando existia o Governo do Bloco Central apoiado pelo PS e pelo PSD, tendo como Primeiro Ministro MÁRIO SOARES. Tal imposto tinha aspectos de incidência retroactiva e fora proposto pelo Ministro das Finanças HERNÂNI LOPES para fazer face à grave situação financeira do País.

O Acórdão n.º 11/83 (relator – Cons. MARTINS DA FONSECA) foi tirado por uma maioria de 10 juízes, com dois votos contra dos juízes MÁRIO DE BRITO e VITAL MOREIRA.

Neste Acórdão sustentou-se que a Constituição não consagrava um princípio genérico de proibição de leis fiscais retroactivas, não podendo aplicar-se por analogia o princípio da Constituição penal *nullum crimen, nulla poena sine lege* e que o princípio do Estado de Direito democrático não era postergado quando razões imperiosas de interesse público se sobrepusessem visivelmente à tutela dos valores de segurança e de certeza

134

jurídicas, sendo apenas violadora desse princípio uma "retroactividade intolerável, que afecte de forma inadmissível e arbitrária os direitos e expectativas legitimamente fundados dos cidadãos contribuintes". [72] [73]

No voto de vencido do Cons. MÁRIO DE BRITO aludia-se às opiniões doutrinais e a alguma jurisprudência do STA sobre a irretroactividade dos impostos, chamando-se a atenção para que o imposto extraordinário criado pela lei em apreciação dizia respeito apenas a factos passados (rendimentos colectáveis respeitantes ao ano de 1982 e remunerações respeitantes aos meses de Janeiro a Setembro de 1983), era um imposto injusto por ter uma taxa igual para todos os contribuintes, independentemente do respectivo rendimento, sendo inconstitucional por envolver uma "violação demasiado acentuada" do princípio da confiança do contribuinte inerente a um Estado de direito. O Cons. VITAL MOREIRA, por seu turno, considerou que as normas impugnadas afrontavam irremissivelmente a Constituição, violando os princípios constitucionais do Estado de direito democrático, os preceitos materiais que regem a repartição dos encargos fiscais e as regras

---

[72](1) Só em 1997 (VI Revisão Constitucional) é que o art. 103.º, n.º 3, da Constituição estabeleceu o princípio de que ninguém é obrigado a pagar impostos que tenham natureza retroactiva. Cfr. Jorge Miranda e Rui Medeiros, Constituição Portuguesa Anotada, tomo II, Coimbra, Coimbra Editora, 2006, págs. 221-223; Gomes Canotilho e Vital Moreira, Constituição da República Portuguesa Anotada, I, 4.ª ed., Coimbra, Coimbra Editora, 2007, págs. 1092-1093.

[73](1) O Acórdão n.º 11/83 está publicado in Acórdãos do Tribunal Constitucional (abreviadamente AcTC), 1.º vol, págs. 11 e segs.

de distribuição das receitas fiscais entre o Estado, por um lado, e as regiões autónomas e os municípios. O Cons. VITAL MOREIRA, na parte final do seu voto, chamava a atenção para que a fiscalização da constitucionalidade valia sobretudo contra as maiorias parlamentares, não devendo o Tribunal invocar os argumentos de necessidade financeira do Estado na medida em que tais argumentos vinham "potenciar aquilo que já de si existe de virtualmente polémico e melindroso no processo de fiscalização preventiva da constitucionalidade, quando ela incide sobre matérias recentemente discutidas acaloradamente na Assembleia da República e sob pressão de correntes opostas de opinião". Aí se afirma que "somente a capacidade de contenção, prudência, distanciação e «desconjunturalização» da instância de fiscalização constitucional pode diminuir os riscos inerentes ao processo de fiscalização preventiva de constitucionalidade em tais circunstâncias". [74]

Pode, pois, concluir-se que a estreia do Tribunal Constitucional não foi auspiciosa, tendo-se a dialéctica entre maioria e minoria centrado também nas finalidades e riscos da própria fiscalização preventiva da constitucionalidade.

Já com outra composição do Tribunal Constitucional, este teve ocasião em 1990 de apreciar uma alteração à Lei n.º 9/90, relativa ao regime de incompatibilidades dos deputados ao Parlamento Europeu.

[74(1)] AcTC, 1.º vol., págs. 50-51.

Trata-se do Acórdão n.º 256/90 de que foi relator o Cons. BRAVO SERRA [75], que ficou conhecido pelo Acórdão FERNANDO GOMES, nome do então Presidente da Câmara Municipal do Porto, eleito pelo PS, e que fora eleito Deputado europeu nas listas deste Partido. Depois de ter assumido funções no Parlamento Europeu, foi votada a alteração para aplicação imediata da incompatibilidade.

Esta decisão foi tirada com o voto de qualidade do Presidente CARDOSO DA COSTA, uma vez que, estando doente o Vice-Presidente do Tribunal Constitucional, se verificou um empate, votando seis Juízes no sentido da inconstitucionalidade, e seis no sentido da não inconstitucionalidade, contando-se entre estes últimos o referido Presidente. No debate parlamentar da alteração legislativa afirmara-se que se tratava de uma lei que visava o caso particular daquele Deputado e que tinha eficácia retroactiva em matéria de incompatibilidades do exercício de cargos políticos electivos. O debate entre ambos os grupos de juízes incidiu exclusivamente sobre se a alteração em causa tinha, ou não, natureza inovatória [76].

[75(1)] In AcTC, 16.º vol., págs. 7 e segs.

[76(1)] O elenco das incompatibilidades, para a tese vencedora, não seria apenas o definido pelo art. 6.º da Lei n.º 14/87 mas ainda o decorrente da remissão feita pelo art. 1.º da Lei n.º 144/85 para a Lei n.º 3/85, ou seja, para as incompatibilidades dos Deputados à Assembleia da República, que abrangiam os presidentes da câmara municipal. Votaram vencidos os Juízes Mário de Brito, Ribeiro Mendes, Monteiro Diniz, Sousa e Brito, Tavares da Costa e António Vitorino (vejam-se págs. 19 a 60 do referido volume do AcTC, de onde constam as seis declarações do voto).

Este acórdão é muito interessante porque, para além de ter sido tirado numa situação de empate, prevalecendo o voto de qualidade do Presidente, incidiu sobre um litígio de clara natureza política, tendo a maioria parlamentar procurado evitar o exercício em acumulação das funções de um presidente da Câmara Municipal do Porto, eleito pelo principal partido da Oposição, com as de Deputado europeu. É curioso que o debate entre os Juízes do Tribunal se travou num puro plano de interpretação de normas de direito ordinário, estando em causa saber se a norma em apreciação esclarecia o regime já vigente ou tinha natureza inovatória.

Por último, vale a pena referir que a norma em causa acabou por ser declarada inconstitucional, com força obrigatória geral, em fiscalização abstracta sucessiva através do Acórdão n.º 473/92, de que foi relator o Cons. TAVARES DA COSTA, quando estavam todos os juízes em funções, sendo tirado por uma maioria tangencial (7-6). [77]

Em Março de 1998, foi integralmente recomposto o Tribunal Constitucional, passando os seus juízes a ter um mandato não renovável. Da anterior composição transitaram 9 juízes, três dos quais tinham integrado a primeira composição do Tribunal (Conselheiros CARDOSO DA COSTA, LUÍS NUNES DE ALMEIDA e MESSIAS BENTO). Houve recomposições parciais do Tribunal em 2003 e em 2007. No presente já não há

[77(1)] In AcTC, 23.º vol. págs. 221 e segs.

nenhum juiz em funções que tenha iniciado o seu mandato antes de 2003.Neste período, o Tribunal Constitucional apreciou três propostas de referendo nacional, em fiscalização preventiva de constitucionalidade e legalidade, que incidiram sobre interrupção voluntária da gravidez [78], sobre o Tratado de Amesterdão [79] e sobre a instituição em concreto das regiões administrativas. [80]

O primeiro acórdão deste período tirado em fiscalização preventiva de constitucionalidade requerida pelo Presidente da República incidiu sobre uma convenção sobre Segurança Social entre a República Portuguesa e a República do Chile [81] e contém uma decisão unânime no sentido de não inconstitucionalidade,

---

78

     (¹) Acórdão n.º 288/98, relator Cons. Luís Nunes de Almeida, publicado em AcTC, 40.º vol., págs. 7 s segs., tirado por maioria tangencial de 7 votos. Votaram vencidos os Cons. Tavares da Costa, Paulo Mota Pinto, Vitor Nunes de Almeida, Maria dos Prazeres Beleza, Messias Bento e Cardoso da Costa. Trata-se de uma questão de constitucionalidade polémica e "fracturante", como tem sido comprovado pelas decisões de outros tribunais de constitucionalidade. A problemática da despenalização do aborto em certas circunstâncias já tinha sido abordada pelo Tribunal Constitucional em 1984 e em 1985 (Acórdão n.º 25/84, tirado em fiscalização preventiva, in AcTC, 2.º vol., págs. 7 e segs; Acórdão n.º 85/85, tirado em fiscalização sucessiva, in AcTC, 5.º vol., págs. 245 e segs). No referendo de 1998 triunfou o "não". Como é sabido, iniciou-se em 2006 novo processo de referendo nacional na matéria, tendo o Tribunal tirado o Acórdão n.º 617/2006, em fiscalização preventiva de constitucionalidade e legalidade, por maioria tangencial (in Diário da República, I Série, n.º 223 de 20 de Novembro de 2006, 1.º Suplemento).

79

     (¹) Acórdão n.º 531/98, relatora Cons. Maria Helena Brito, tirado com cinco votos de vencido, in AcTC, 40.º vol., págs. 95 e segs.

80

     (¹) Acórdão n.º 532/98, relator Cons. Messias Bento, com cinco votos de vencido quanto a duas questões, in AcTC, 40.º vol., págs. 129 e segs.

81

     (¹) Acórdão n.º 494/99, relator Cons. Paulo Mota Pinto, in AcTC, 44.º vol., págs. 25 e segs. Sobre este Acórdão, veja-se Carlos Blanco de Morais, Justiça Constitucional cit., II vol., Coimbra, Coimbra Editora, 2005, pág. 25, nota (20).

tendo incidido sobre a eventual existência, na Constituição, de uma reserva material de tratado, com reflexos na repartição de poderes entre o órgão parlamentar e o Governo, para aprovação dessa convenção internacional. O Tribunal Constitucional recusou-se a adoptar um critério geral, que levasse a optar abstractamente por uma certa interpretação do art. 161.º, alínea i), da Constituição, conduzindo ou à redução do papel do Governo nas relações internacionais convencionais a mero órgão político-administrativo, sem poder legislativo, ou à manutenção a favor do Governo de poderes normativos autónomos nas relações internacionais, limitados pela reserva de lei parlamentar e pelo elenco das matérias referidas na referida norma constitucional. Este acórdão é muito curioso porque não se revestiam de qualquer importância política as normas constantes da convenção internacional em causa, tendo o Presidente da República aproveitado o ensejo para submeter ao Tribunal uma pura questão de direito constitucional, com forte componente teórica.

Os Presidentes da República em funções neste período requereram a fiscalização preventiva 14 vezes (até final de Julho de 2007).

Não se detecta, numa apreciação perfunctória dos arestos tirados nestes processos, uma diferença de padrão nas votações por referência aos períodos anteriores em que os Juízes do Tribunal Constitucional podiam renovar os seus mandatos.

Há acórdãos tirados por unanimidade [82] ou por maiorias significativas [83], a par de acórdãos sobre matérias mais polémicas em que surgiram maiorias tangenciais ou menos significativas. [84]

Importa chamar a atenção para o Acórdão n.º 428/05 [85] que tem a particularidade de ser uma fiscalização preventiva de constitucionalidade que teve como requerentes um Grupo de Deputados do PPD/PSD, ao abrigo do n.º 4 do art. 278.º da Constituição relativamente a um decreto da Assembleia da República que fora enviado ao Presidente da República para ser promulgado como lei orgânica. Este acórdão foi tirado por unanimidade, nele se tendo discutido uma questão de natureza formal, a de saber se podiam constar de uma alteração à Lei Orgânica do Referendo normas que alteravam o regime do

---

[82][1] Foram tirados por unanimidade os Acórdãos n.ºs 23/02, relator Cons. Bravo Serra, sobre um diploma do Governo suspeito de inconstitucionalidade orgânica por violação da alínea u) do art. 164.º, e 131/03, relator Cons. Gil Galvão, sobre o domínio público marítimo, in AcTC, 52.º vol., págs. 7 e segs, e 55.º vol., págs. 7 e segs, respectivamente.

[83][1] Por exemplo, Acórdãos n.ºs 36/02, relator Cons. Artur Maurício, sobre o momento temporal em que se deve considerar demitido o Governo com reflexo sobre a caducidade de propostas de lei (maioria de 8 votos, com 3 votos de vencido) e 65/02, relatora Conselheira Maria dos Prazeres Beleza, sobre o âmbito de poderes de um Governo demitido (maioria de 3 votos, com 2 votos de vencido), in AcTC, 52.º vol., págs. 23 e segs. e 47 e segs, respectivamente.

[84]
[1] A título de exemplo, os Acórdãos n.º 245/02, relatora Cons. Maria Helena Brito, sobre eliminação de competências do Conselho de Opinião da RTP (maioria tangencial – 6 votos e 5 contra), n.º 509/02, relator Cons. Luís Nunes de Almeida, sobre o rendimento social de inserção (maioria de 8 votos, com 3 votos de vencido) e 306/03, relator Cons Mário Torres, sobre o novo Código do Trabalho (votos diversificados sobre diferentes questões jurídicas) in AcTC, 53.º vol., págs. 7 e segs, 54.º vol., págs. 19 e segs. e 56.º vol., págs. 75 e segs., respectivamente.

[85]
[1] Relatora Cons.ª Maria Helena Brito, in AcTC, 62.º vol, págs. 147 e segs.

recenseamento eleitoral, atento o disposto no n.º 5 do art. 168.º e alínea c) do n.º 6 do mesmo artigo da Constituição. Não obstante a origem partidária do pedido de fiscalização, a resposta unânime dos Juízes do Tribunal deve ser registada, muito embora se reconheça que se tratava de uma questão de natureza eminentemente técnico-jurídica, sem especial relevância política.

Reflexão final

Os sistemas de fiscalização concentrada de constitucionalidade não têm na Europa uma tradição muito longa, não estando longe de completar o primeiro centenário do Tribunal Constitucional gizado em 1920 pelo engenho de HANS KELSEN e de outros cultores de direito público austríacos.

A criação de um Tribunal Constitucional dá especiais características a um sistema político, acarretando inevitavelmente uma certa judicialização da política.

Como acentua JOSÉ DE SOUSA BRITO, "a jurisdição constitucional e a decisão da maioria são dois processos de desenvolvimento da democracia, cada um dos quais tem a sua própria racionalidade" [86], podendo dizer-se que, a partir dos anos oitenta do passado século, a legitimidade do controlo jurisdicional

---

[86](1) "Jurisdição Constitucional e Princípio Democrático", in Legitimidade e Legitimação da Justiça Constitucional, ob. colect. organizada pelo Tribunal Constitucional, Coimbra, Coimbra Editora, 1995, pág. 43; ver ainda Luís Ferreira Leite, O Tribunal Constitucional e o Sistema Político – Estados Unidos da América - Europa – Portugal., Lisboa, Âncora Editora, 2007, págs. 17 e segs.

da constitucionalidade das leis já não é posta em causa.[87]

No que toca ao Tribunal Constitucional português, é indiscutível que a fiscalização preventiva da constitucionalidade constitui um objecto fascinante para os sociólogos e os politólogos, na medida em que permite observar a interacção entre as decisões legislativas das maiorias e a intervenção de controlo de um Tribunal que se encontra na fronteira entre o jurídico e o político.

Posta em causa no momento de preparação da I Revisão Constitucional, quando se avizinhava o fim do Conselho da Revolução e da Comissão Constitucional, a verdade é que a fiscalização preventiva da constitucionalidade se aculturou entre nós, porventura atendendo ao modelo semipresidencialista que esteve na origem da decisão constituinte de 1976. Prova disso é não ter sido mais contestada de forma relevante nas subsequentes revisões. [88]

Os Juízes do Tribunal Constitucional têm de ser independentes, mas tal não significa que sejam assépticos, isto é, que não tenha uma determinada pré-compreensão sobre o Político.

---

[87](1) Afirmação de Louis Favoreu citada por Vital Moreira in "Princípio de Maioria e Princípio da Constitucionalidade: Legitimidade e Limites da Justiça Constitucional", in Legitimidade e Legitimação cit., pág. 178.

[88]

(1) Crítico quanto às vantagens de fiscalização preventiva da constitucionalidade, classificada como um "elemento alienígena na dinâmica evolutiva da Justiça Constitucional como primeiro garante do Estado de direito", veja-se Carlos Blanco de Morais, Justiça Constitucional, II, cit. págs. 141-149.

LUÍS NUNES DE ALMEIDA afirmou, num colóquio realizado em 1993 sob a égide do Tribunal Constitucional, que quem acusa o modo de composição do Tribunal consagrado em 1982 de conduzir à politização da escolha dos juízes e à consequente politização do Tribunal formula uma crítica que revela, no fundo, a contestação da "existência de uma qualquer forma específica de designação dos juízes do Tribunal Constitucional, o qual deveria ter uma composição idêntica à dos tribunais comuns (...)". E este Constitucionalista e Juiz constitucional, prematuramente desaparecido, afirmou que tal crítica deveria ter-se por infundada por diversas razões:

4. Por ignorar "que, por toda a parte, a escolha dos Juízes constitucionais se baseia necessariamente em critérios políticos";

5. Por assentar num erro, "que é o de supor que, em função do processo de escolha e em função da existência ou da inexistência de uma carreira profissional, existem dois tipos de Juízes: uns, os puros e assépticos, isto é, os magistrados de carreira, sempre imunes à influência da política no exercício das respectivas funções; outros os políticos, os contaminados (eu atrever-me-ia mesmo a dizer, infectados) que seriam os Juízes do Tribunal Constitucional, designados por

órgãos políticos e, «maxime», eleitos pela Assembleia da República, que inelutavelmente exerceriam as suas funções profundamente influenciados pelas suas convicções político-partidárias". [89]

A consciência da própria pré-compreensão dos Juízes Constitucionais e do modo como funciona uma jurisdição constitucional é fundamental para introduzir mecanismos que aumentem as necessárias garantias de independência judicial.

Um desses mecanismos entre nós é o de os juízes dissidentes terem o direito de deixar registadas, em declaração de voto, as razões dessa dissidência quanto a um juízo de constitucionalidade ou de inconstitucionalidade.

A Comunidade jurídica dispõe, assim, de um meio de aferir, em diferentes ocasiões, a coerência das posições de cada juiz constitucional, nas diversas conjunturas, quando alternam as maiorias políticas.

Como escreveu GUSTAVO ZAGREBELSKY, referindo-se ao Tribunal Constitucional italiano, de que foi juiz e, mais tarde, presidente, "a actividade do Tribunal é por conseguinte fundada sobre as personalidades individuais dos juízes. Ao mesmo tempo, é colegial. Isto assume um significado profundo, muito para além do mero respeito pelas regras processuais". Deve notar-se que

---

[89](1) "Da politização à Independência (Algumas Reflexões sobre a Composição do Tribunal Constitucional)", in Legitimidade e Legitimação cit, pág. 243).

este constitucionalista analisava uma realidade em que são proibidos os votos dissidentes, o que o leva a afirmar que esse Tribunal é "um corpo decidente unitário, um grande juiz que se serve de quinze juízes mais ou menos pequenos" [90].

A existência de votos dissidentes – como mostram os exemplos norte-americano ou português – torna os juízes constitucionais individuais entes "dotados de uma personalidade e individualidade institucional" (ZAGREBELSKY). Se o corpo decidente unitário fica mais na penumbra, nem, por isso, se pode dizer que no Tribunal português reina maior individualismo, sob pena de se faltar à verdade. A maioria e a minoria têm objectivos institucionais comuns e, mesmo quando há vários votos de vencido, é sempre possível discernir os fundamentos comuns que possibilitaram a tomada da decisão colectiva.

A condição de êxito da jurisprudência constitucional pressupõe que ela seja feita por "fortes personalidades com um passado digníssimo, mesmo político, a defender. É necessário que assim seja, não apenas por razões «lapalissianas», mas também porque é a garantia de independência face à política contingente. Tudo é melhor que tépidos ou Nicodemos, que não têm fidelidades ou as escondem. Esses, as meias figuras, os juízes, «que saíram da incubadora a meio», não têm motivo para se respeitarem a si mesmos e podem ser, mais facilmente do que os

---

[90](1) "La Corte In – Politica", in Jurisprudência Constitucional, n.º 5, Janeiro – Março de 2005, pág. 7.

outros, induzidos a ceder ao respeito alheio". [91]

Um juízo global sobre o Tribunal Constitucional não se pode quedar sobre os arestos tirados em fiscalização preventiva, embora estes sejam seguramente muito reveladores da posição de cada Juiz quanto aos diplomas controlados.

Por último, importa salientar, com CARLOS BLANCO DE MORAIS, que o instituto da fiscalização preventiva da constitucionalidade "valoriza, na realidade o protagonismo «moderador» ou «arbitral» do Presidente da República", na medida em que, num cenário de coabitação com uma maioria de outro quadrante político, o Presidente, quando confrontado "em sede de procedimento legislativo com actos politicamente controversos aprovados por maiorias parlamentares distintas da maioria sociológica que presidiu à sua eleição, pode fazer uso deste processo para procurar obstar à existência jurídica dos mesmos actos". [92]

91[1] Gustavo Zagrebelsky, "La Corte In-Politica" cit., pág. 9.

92[1] Justiça Constitucional, II, pág. 30.

Capítulo V

As fontes doutrinárias diretas das sentenças de control preventivo da constitucionalidade do Tribunal Constitucional de Portugal no período de Janeiro 2002 a Dezembro 2002

Andrea López Contreras
Marco Antonio Solorio Romero
Karla Mariela Martínez Medina
Teresa Maria Geraldes Da Cunha Lopes

O Tribunal Constitucional começou a funcionar em Abril de 1983 e manteve as competências de Conselho de Revolução e de Comissão Constitucional "nos domínios da fiscalização preventiva da constitucionalidade de normas jurídicas – e não de diplomas, como sucedida na versão originária da Constituição de 1976 – e da fiscalização da inconstitucionalidade por omissão, a par das outras competências "pacíficas" (fiscalização abstracta sucessiva da constitucionalidade de normas e fiscalização concreta)"[93].

O Tribunal Constitucional de Portugal , successor do Conselho da Revolução do período da Aliança Democrática, deixou de ter competências consultivas para passar a ter competências decisórias. Nos 98 processos apreciados ao longo destes quase 25

---

[93]Ver o capítulo IV de este livro dos autores RIBEIRO MENDES e DA CUNHA LOPES

anos, são relativamente raras as maiorias tangenciais [94] e as decisões tiradas são, de um modo geral, acatadas sem grande crítica, nos últimos anos

A II Revisão Constitucional, ultimada em 1989, previu um regime específico para a fiscalização preventiva de leis orgânicas.

Segundo o novo n.º 4 do art. 278.º da Constituição, podem requerer ao Tribunal Constitucional "a apreciação preventiva da constitucionalidade de qualquer norma constante de decreto que tenha sido enviado ao Presidente da República para promulgação como lei orgânica, além deste, o Primeiro-Ministro ou um quinto dos Deputados à Assembleia da República em efectividade de funções". [95]

Nesta revisão constitucional "alargaram-se igualmente os prazos para o Presidente da República requerer a fiscalização preventiva (de 5 para 8 dias) e para o Tribunal Constitucional se pronunciar (de 20 para 25 dias, prazos que podem ser encurtados pelo Presidente da República).

94(1) Deve notar-se que, além deste 98 processos de fiscalização preventiva da Constitucionalidade de normas, o Tribunal Constitucional apreciou, em fiscalização preventiva da constitucionalidade e da legalidade, 6 propostas de referendo nacional, regulada pela Lei Orgânica n.º 15-A/98, de 3 de Abril alterada pela Lei Orgânica n.º 4/2005, de 8 de Setembro.

95(1) António Vitorino nota que a II Revisão Constitucional consagrou a figura das leis orgânicas, tuteladas por um regime novo de fiscalização preventiva de constitucionalidade, passando a estar previstos na Constituição "preceitos novos que conferem ao Tribunal Constitucional competências para apreciar e declarar a ilegalidade de actos legislativos com fundamento na violação de leis com valor reforçado" (Prefácio a Constituição da República Portuguesa, ed. da AAFDL, Lisboa, 1989, pág. LXXI). Vejam-se ainda Gomes Canotilho e Vital Moreira, Constituição da República Portuguesa Anotada, 3.ª ed., Coimbra, Coimbra Editora, 1993, págs. 1004-1005.

As revisões constitucionais subsequentes não alteraram as normas respeitantes à fiscalização preventiva da constitucionalidade.[96] "

O parco e disperso tratamento dado ao processo constitucional, aliado à margem de autossuficiência judical, repercute, na seara doutrinária, o problema da *anomia*, vale dizer, da falta de regras metodológicas de um modelo de sistematização e, com isso, de compreensão de suas funções, operações e estruturas.

Para subsanar esta laguna, o nosso trabalho , especificamente no que toca à experiência portuguesa de fiscalização preventiva da constitucionalidade, incidiu sobre seis sentenças escalonadas entre Janeiro 2002 e Dezembro 2002, periodo que permite afirmar que a relevância claramente política das decisões tiradas pelos órgãos de controlo neste tipo de processos de fiscalização se tem atenuado ao longo dos anos, iniciando este processo em 1998 e que atinge su madurez em 2002.

5.1 Método de trabalho e tratamento dos dados das citações doutrinárias

O tema principal da pesquisa feita no arquivo digital do Tribunal Constitucional de Portugal foi exatamente as citações doutrinárias directas das sentenças de control preventivo da constitucionalidade.O levantamento foi além, para não perder a

---

[96]ibid

oportunidade de identificar outros tipos de referências doutrinárias. Por fonte doutrinária, aqui, consideramos apenas o resultado de estudos apresentados em livros[97], periódicos científicos[98] e trabalhos acadêmicos (monografias, mestrados e doutorados). Assim, toda e qualquer menção extraída destas obras intelectuais foram considerados como citação doutinária.

foram quantificadas as citações por: (a) *tipologia*; (b) *natureza jurídica ou extrajurídica da obra*; (c) *utilidade do argumento citatório*; (d) e *finalidade do argumento citatório.* Sao estudados os principios gerais , as fontes legislativas, a jurisprudencia do Tribunal Constitucional e as fontes doutrinárias nacionais e externas (europeias e fuera de Europa).

97

> ˥ "Compreende-se livro um produto impresso ou eletrônico que possua ISBN ou ISSN (para obras seriadas) contendo no mínimo 50 páginas, publicado por editora pública ou privada, associação científica e/ou cultural, instituição de pesquisa ou órgão oficial" (CAPES, 2009).

98

> ˥ "Um periódico científico é uma publicação seriada, arbitrada e dirigida prioritariamente a uma comunidade acadêmico-científica" (CAPES, 2013).

5.2 Dados das fontes doutrinárias diretas das sentenças de control preventivo da constitucionalidade , Janeiro 2002 a Dezembro 2002 do Tribunal Constitucional de Portugal

Quadro no.1

O Conjunto estudado

Acordao	No. Processo	Materia	Data	Juez relator
ACÓRDÃO Nº 23/02	Procº nº797/2001.	Control Preventivo	10/01/02	Bravo Serra
ACÓRDÃO Nº 36/02	Proc. nº 55/02	Control Preventivo	30/01/02	Artur Murício
ACÓRDÃO Nº 65/02	Proc.nº 58/02	Control Preventivo	08/02/02	Maria dos Prazeres Pizarro Beleza
ACÓRDÃO nº 254/02	Proc. n.º 425/02	Control Preventivo	11/06/02	Maria Helena Brito
ACÓRDÃO N.º 473/02	Proc. nº 705/2002	Control Preventivo	19/11/02	Maria Fernanda Palma

ACÓRDÃO Nº 23/02 (de 10 de Janeiro 2002)

Não se pronuncia pela inconstitucionalidade de qualquer das normas constantes do Decreto do Governo, registado sob o nº 219/2001 - MAI, aprovado pelo Conselho de Ministros em 5 de Dezembro de 2001.

· Para a entidade requerente, as dúvidas de constitucionalidade do Proceso nº797/2001 residem na questão de saber se, ponderando o disposto na alínea u) do artigo 164º da Constituição e o facto de a Guarda Nacional Republicana ser uma força de segurança, a matéria constante do decreto em causa - que introduz alterações na *Lei Orgânica da Guarda Nacional Republicana* (aprovada pelo Decreto-Lei nº 231/93, de 26 de Junho, e posteriormente alterado pelo Decreto-Lei nº 188/99, de 2 de Junho), no *Estatuto dos Militares da Guarda Nacional Republicana* (aprovado pelo Decreto-Lei nº 265/93, de 31 de Julho, alterado pelos Decretos-Leis números 297/98, de 28 de Setembro, 188/99, e 504/99, de 20 de Novembro), e no regime remuneratório aplicável aos oficiais, sargentos e praças da mesma Guarda (regime esse estabelecido pelo citado Decreto-Lei nº 504/99, alterado pelo Decreto-Lei nº 174/2000, de 9 de Agosto) – não teria de ser considerada como estando incluída na reserva absoluta de competência legislativa da Assembleia da República.

Também, a determinação do sentido e alcance da alínea u) do artigo 164º da Constituição não se afigura como devendo conduzir a que toda e qualquer regulamentação jurídica sobre as forças de segurança caibam no âmbito de aplicação desse preceito, tendo em atenção, por um lado, o cotejo com as restantes alíneas desse artigo e, por outro, a densificação do que se deve entender por regime das forças de segurança do Estado.

Os principios gerais invocados simplesmente, e como esses diferentes domínios não têm a mesma dignidade material e formal, seguramente que não foi intenção do legislador constitucional incluir indistintamente todos esses aspectos na reserva absoluta de competência legislativa da Assembleia da República; há uma reiterada prática legislativa, que nunca foi sindicada em sede de fiscalização da constitucionalidade, que pressupõe que o Governo mantém, quanto àsforças de segurança, competência legislativa nos domínios orgânico e estatutário, bem como noutros domínios não atinentes ao regime das forças de segurança; devendo-se incluir na alínea u) do artigo 164º apenas as regras aplicáveis à actuação das forças de segurançaenquantot ais, nomeadamente, os aspectos que dizem respeito aos direitos fundamentais dos cidadãos, bem como o regime da organização e funcionamento das forças de segurança, de concluir é que as normas sob sindicância não versam sobre aqueles aspectos, pois que, por um lado, a alteração dos artigos 11º e 33º da LeiOrgânica da Guarda Nacional Republicana não altera o actual regime de autonomia administrativa e financeira e regetão só sobre os efectivos a atingir progressivamente pela Guarda; por outro, a alteração ao Estatuto dos Militares da Guarda Nacional Republicana, porque incide sobre direitos de carácter social - férias, faltas e licenças - distribuição dos quadros por armas, serviçosou ramos e condições de promoçãoaospostos de major e cabo, deve ser considerada como dizendo respeito unicamente ao estatuto daqueles militares enquanto funcionários públicos; por outro, ainda, o mesmo se aplica ao art° 3° do Decreto, que apenas altera o regime remuneratório dos oficiais, sargentos e praças, disciplinando aspectos de pormenor relativos à progressão na carreira em função do respectivo índice e categoria.

Vincar-se-á aqui que a conclusão a que se chegar quanto ao alcance da asserção regime não significa a extrapolação da mesma para todas as demais situaçõese m que a Lei Fundamental utilize idêntica expressão, designadamente para efeitos do âmbito da reserva de competência legislativa parlamentar. O ACÓRDÃO N° 23/02 foi votado pelos Juizes- Conselheiros : Bravo Sierra,Luís Nunes de Almeida, Arthur Maurice, Paulo Mota Pinto, Jose Sousa e Brito, Guilherme da Fonseca, Maria Fernanda Palma, Helena Maria Brito, Maria dos Prazeres Pizarro Belleza,Alberto Tavares da Costa e José Manuel Cardoso da Costa.

O Tribunal cita o Acórdão n° 3/89 (in Diário da República, 2ª Série, de 11 de Janeiro de 1989), quando tuvo ocasião de discretear no sentido de que a inclusão de qualquer matéria na reserva de competência legislativa da Assembleia da República tem de ser situada num de três níveis: um, mais exigente, segundo o qual toda a regulação a ela concernente compete ao órgão parlamentar; outro, dotado de menor exigência, em que a matéria se circunscreve ao regime comum ou normal, o que inculca que os regimes especiais podem ser definidos pelo Governo (ou, inclusivamente, se for o caso, pelas assembleias legislativas regionais); um terceiro, em que a competência parlamentar incide somente sobre as bases gerais dos regimes jurídicos das matérias.

No Acórdão deste Tribunal nº 81/84 (Acórdãos do Tribunal Constitucional, 4º volume, 225 e segs.) disse-se que "ao falar-se no artigo 37.º, n.º 3, da Constituiçãoem «regime de punição da lei geral» se remetia «para os princípios gerais de direito penal tanto em matéria de incriminações como de reacções criminais. Princípios gerais de direito penal que são, não apenas os princípios jurídico-constitucionais penais, mas também «aqueles que presidem à teoriageral das infracções e das penas que constam do Código Penal». Constituem uma espécie de 'direito comum' das comunidades com o mesmo grau de civilização e cultura, um como que estatuto cujo ponto de referência é a *"comunitas civium"*

Transpondo para a situação em apreço os dados que se

podem por ventura retirar de uma possível parametrização da jurisprudência constitucional sobre o que deva ser entendido por «regime», «regime e âmbito» e «regimegeral», dir-se-á que, quanto à matéria ínsita na alínea u) daquele artigo, inequivocamente nela se contêm as regras definidoras daquilo que é comum e geral às forças de segurança, as grandes linhas da regulação, a definição dos serviços, organizações ou forças que devem compor as forças de segurança , finalidades e os princípios básicos fundamentais relativos, *verbi gratia* , à definição do seu sistema global, complexo de poderes, funções, competências e atribuições de cada serviço, força ou organização, inter-relacionação, projecção funcional interna e externa e, ainda, os princípios básicos relativos à interferência das forças de segurança com os direitos fundamentais dos cidadãos (cfr., quanto a estes últimos aspectos, os princípios fundamentais do artº 2º e a coordenação e cooperação das forças de segurança estabelecidas no artº 6º, um e outro da Lei de Segurança Interna - Lei nº 20/87, de 12 de Junho).

Mesmo a entender-se que a matéria que se liga ao regime das forças de segurança há-de compreender uma reserva, tanto para o regime material quanto para o regime orgânico (cfr., quanto ao «regime dos serviços de informações e do segredo de Estado» a posição de GOMES CANOTILHO e VITAL MOREIRA, neste último deverá considerar-se tãosó como abarcando as supra indicadas definição, finalidades e princípios básicos organizatórios funcionais, de atribuição, interrelacionação e projecção.

A sentença faz referencia explícita aos criterios legislativos inscritos nos textos :

1.- do artigo 278º da Constituição e nos artigos 51º, nº 1, e 57º, nº 1, ambos da Lei nº 28/82,

2.- LeiOrgânica da Guarda Nacional Republicana (Decreto-Lei nº 188/99, de 2 de Junho)

3.- Decreto-Lei nº 174/2000, de 9 de Agosto

4.- dos artigos 54º e 55º, nº 3, da Lei nº 28/82,

5.- nº 1 do artº 12º do Decreto-Lei nº 504/99, que regula o processamentona escala remuneratória da promoção do militar da Guarda quando realizada dentro da mesmacategoria;

6.- Decreto-Lei nº 191-D/79, de 25 de Junho, constituiumcorpo normativo que, aoreger, emgeral, para os funcionários e agentes da administração central, regional e local

7.- Lei de Segurança Interna - Lei nº 20/87, de 12 de Junho

8.- Decreto-Lei nº 231/93

ACÓRDÃO N.º6/02 (30/01/02)

Pronuncia-se pela inconstitucionalidade da norma ínsita no Decreto da Assembleia da República nº 185/VIII, que altera o regime de apoio especial à amortização das dívidas públicas regionais, constante do artigo 47º da Lei nº 13/98, de 24 de Fevereiro (Lei de Finanças das Regiões Autónomas).

O Proceso 55/02 inicia com o requerimento do Presidente da República, ao abrigo do disposto no artigo 278º, nºs 1, 3, 4, 6 e 8 da Constituição e dos artigos 51º, nº 1 e 57º, nº 1 da Lei sobre Organização, Funcionamento e Processo do Tribunal Constitucional (LTC), da apreciação da constitucionalidade da norma constante do artigo único do Decreto da Assembleia da República nº 185/VIII, recebido na Presidência da República no dia 11 de Janeiro, para ser promulgado como lei.

A norma cuja apreciação de constitucionalidade apreciou o Tribunal Constitucional constitui uma alteração ao artigo 47º da Lei nº 13/98, de 24 de Fevereiro, que respeita ao regime de finanças das regiões autónomas, y que devería ser promulgada como lei orgânica.

En este caso , o Tribunal estudiou princípios constitucionais de excepcional relevância, à margem do que dispõe aquele dispositivo constitucional.

O Tribunal retoma jurisprudencia propia en el sentido de que se existir divergência entre a data do diploma eo dia em que o jornal oficial que o contém foi colocado à disposição do público, uma vez que se demonstre que esse dia não foi correspondente ao dessa efectiva colocação, será a esta que se terá de referir a publicação (cfr. Pareceres da Procuradoria Geral da República, de

1 de Março de 1979, no Boletim do Ministério da Justiça, nº 290, pp. 115 a 123, e de 10 de Janeiro de 1985, idem, nº 348, pp. 107 e segs.)."

Esta corrente jurisprudencial e doutrinal acaba por ganhar conforto com a Lei nº 74/98, de 11 de Novembro que, no seu artigo 2º, nº 4 prescreve como termo "a quo"dos prazos de vigência dos "actos legislativos e outros actos de conteúdo genérico"a data da "efectiva distribuição", quando esta for posterior à data nominal da publicação, disposição, aliás, saudada como "de grande importância no que toca aos suplementos", no comentário àquela Lei, da autoria de Maria dos Prazeres PIZARRO BELEZA, publicado in "Legislação" nº 22 (Separata).

Foi, por exemplo, o caso, apreciado no citado acórdão nº 303/90, onde, a propósito de " normas orçamentais " e " de execução orçamental ", se " admitiu " que as conclusões e considerações acima transcritas pudessem ser " inflectidas ", em virtude de aquelas normas, " por sua natureza ", como normas constantes das leis do Orçamento do Estado, terem de reportar-se ao período temporal a que respeitam (anualidade correspondente ao ano civil).

Na jurisprudência do Tribunal Constitucional e no âmbito dos actos políticos se surpreendem já sinais desta interrogação, quando, no citado acórdão nº 53/87, se diz ser "tudo menos líquido" que o facto de o decreto de dissolução da Assembleia da

República ter sido publicado posteriormente à sua data nominal releve para efeitos de diferir a produção dos efeitos da dissolução.

Quer por força do artigo 119°, quer pelo que resulta de uma longa prática constitucional, quer, ainda, pelo que inculca o disposto nos artigos 172° n° 2 e 183° n° 3, deve entender-se que a forma de decreto se impõe para todas as decisões do Presidente da República "de eficácia externa e que careçam de forma documental autónoma", Assim, o Tribunal se apoia em GOMES CANOTILHO e VITAL MOREIRA (in *"Constituição da República Portuguesa Anotada"* p. 549).

Ora, neste contexto, e atendendo à superior relevância política do acto, que justifica a utilização de uma "forma" solene, entende o Tribunal Constitucional como natural e constitucionalmente adequada a forma de "decreto" de que se revestiu a decisão presidencial (no mesmo sentido GOMES CANOTILHO e VITAL MOREIRA *"Constituição da República Portuguesa Anotada"*, p. 765).

Na doutrina, vozes como a de Jorge MIRANDA ("Decreto", in *"Dicionário Jurídico da Administração Pública"*, vol. III, p. 339) e Remédio PIRES (in *"Revista de Direito Público"* ano V, n° 10 pp. 9 e segs.), adoptam a mesma tese (com opinião dissonante, v. OLIVEIRA ASCENSÃO, *"O Direito – Introdução e Teoria Geral"*, p. 253, para quem as leis cobram eficácia jurídica na data nominal do jornal oficial que as publica).

Esta corrente jurisprudencial e doutrinal acaba por ganhar conforto com a Lei nº 74/98, de 11 de Novembro que, no seu artigo 2º, nº 4 prescreve como termo "a quo"dos prazos de vigência dos "actos legislativos e outros actos de conteúdo genérico"a data da "efectiva distribuição", quando esta for posterior à data nominal da publicação, disposição, aliás, saudada como "de grande importância no que toca aos suplementos", no comentário àquela Lei, da autoria de Maria dos Prazeres PIZARRO BELEZA, publicado in "Legislação" nº 22 (Separata).Com efeito – retoma o Tribunal– a nomeação do Primeiro-Ministro representa o exercício de uma escolha política decisiva para a orientação política do País (cfr. GOMES CANOTILHO e VITAL MOREIRA *"Os poderes do Presidente da República"*, p. 48).Com efeito, como modalidade de iniciativa legislativa superveniente, a proposta de alteração – alteração mais, ou menos, substancial em relação à proposta alterada -não deixa de se ligar "geneticamente" à proposta de lei a que necessariamente se reporta (cfr. Jorge MIRANDA *"Manual de Direito Constitucional"*, Tomo V p. 250).

Por outro lado, à data em que a proposta de lei caducou, o procedimento legislativo encontrava-se numa fase anterior à sua aprovação, não havendo aqui que tomar posição sobre a questão de saber se, aprovada a proposta de lei na generalidade e/ou na especialidade, já a caducidade não opera (questão a que Jorge

MIRANDA, in cit. *"Manual"* e Tomo V p. 259, p. 1 e FREITAS DO AMARAL, *"Governo de Gestão"*, p. 20 dão respostas divergentes). No mesmo acordao , o Tribunal usa como criterios legislativos :

1. 51°, n° 1 e 57°, n° 1 da Lei sobre Organização, Funcionamento e Processo do Tribunal Constitucional
2. artigo 47° da Lei n° 13/98de lei n° 109/VIII apresentada pelo Governo e resulta da aprovação dessa proposta de lei por parte da Assembleia da República
3. do n° 3 do artigo 1° da Lei n° 6/83
4. Lei n° 74/98, de 11 de Novembro
5. Lei n° 40/96, de 31 de Agosto

ACÓRDÃO N° 65/02 (08/02/2002)

Não se pronuncia pela inconstitucionalidade das normas constantes dos artigos 1°, 4°, 5° e 6° do Decreto do Governo registado na Presidência do Conselho de Ministros com o n° 475/2001-MS.

No Proceso 58/02 nos termos do disposto no artigo 278°, n°s 1 e 3 da Constituição e nos artigos 51°, n° 1 e 57°, n° 1 da Lei n° 28/82, de 15 de Novembro, é pedida ao Tribunal Constitucional a "apreciação da constitucionalidade das normas constantes dos artigos 1°, 4°, 5° e 6° do Decreto do Governo registado na Presidência do Conselho de Ministros com o n° 475/2001-MS, recebido na Presidência da República no dia 16 de Janeiro 2002 para ser promulgado como decreto-lei", por "eventual violação da norma constitucional consagrada no artigo 186º, nº 5, da Constituição".Em síntese, o Presidente da República coloca a dúvida de saber se cabe na competência constitucionalmente definida para um Governo demitido a aprovação de alterações que, independentemente do mérito que se lhes atribua, considera significativas quanto à "forma de designação dos órgãos de direcção técnica dos estabelecimentos hospitalares e dos centros de saúde", à "composição dos conselhos técnicos dos hospitais" e ao regime aplicável à"contratação de bens e serviços pelos hospitais".Refere ainda que não está em causa valorar as "razões políticas de peso" apontadas pelo Governo para justificar tal aprovação, mas tão somente determinar se pode qualificar-se a mesma como "um acto estritamente necessário para assegurar a gestão dos negócios públicos".No que toca em particular ao Orçamento de Estado para 2002, o Governo lembra que foi elaborado na convicção de que as medidas em causa seriam aprovadas; e que, aliás, anunciou, no debate na generalidade do referido Orçamento de Estado e das Grandes Opções do Plano, que, entre os meios que utilizaria "para controlar a despesa e o nível do défice", figurava "a alteração da forma de designação em relação aos membros eleitos dos conselhos de administração".Com a resposta foram juntas uma cópia do ofício datado de 14 de Janeiro de 2002, do Primeiro Ministro, que acompanhou o envio do Decreto em causa para o Presidente da República, com a respectiva justificação, e uma cópia do Programa de Estabilidade e Crescimento – Actualização para o Período de 2002-2005, datado de Dezembro de 2001.

O Decreto do Governo em apreciação, aprovado em Conselho de Ministros de 10 de Janeiro de 2002, foi editado no " desenvolvimento do regime jurídico estabelecido pela Lei nº 48/90, de 24 de Agosto, e nos termos das alíneas a) ec) do nº 1 do artigo 198º da Constituição ", havendo sido "observados os procedimentos decorrentes da Lei nº 23/98, de 26 de Maio" (relativa ao regime de negociação colectiva e à participação dos trabalhadores da Administração Pública em regime de direito público), como consta do respectivo preâmbulo.

A dúvida colocada decorre da circunstância de, pelo Decreto do Presidente da República nº 60-A/2001, de 17 de Dezembro, publicado no 2º Suplemento ao Diário da República nº 290, Série IA, da mesma data, ter sido "demitido o Governo, por efeito da aceitação do pedido de demissão apresentado pelo Primeiro-Ministro" ; e prende-se, naturalmente, com a questão da definição constitucional dos poderes de um governo demitido.

Interessa saber que, segundo o disposto no artigo 3º do Decreto Regulamentar nº 3/88, de 21 de Janeiro, o director clínico eo enfermeiro director do serviço de enfermagem integram o conselho de administração, juntamente com o director do hospital, que preside, eo administrador-delegado.

Isto significa que se deixa de aplicar o regime actualmente previsto no Decreto-Lei nº 197/99, de 8 de Junho; as directivas relevantes são a Directiva 92/50/CEE do Conselho, de 18 de Junho (contratos públicos de serviços), a Directiva 93/36/CEE do Conselho, de 14 de Junho (contratos públicos de fornecimento) ea Directiva 97/52/CEE do Parlamento Europeu e do Conselho, de 13 de Outubro (que altera as anteriores), publicadas, respectivamente, no JO nº L 209, de 24.7.1992, p.

Na verdade, pese embora a afirmação, constante da resposta do Governo, de que não está em causa uma "inovação fundamental", seja porque contém, no caso das regras definidas para a forma de designação do director clínico e do enfermeiro director do serviço de enfermagem, um regime que já vigorou, seja porque esse regime (e aqui também abrangendo o artigo 6º) se aplica hoje em alguns estabelecimentos hospitalares (cfr. os Decretos-Leis nºs 151/98, de 5 de Junho, 207/99, de 9 de Junho, e 76/2001, de 27 de Fevereiro, relativos aos Hospitais, respectivamente, de Santa Maria da Feira, de Matosinhos e do Barlavento Algarvio), a verdade é que, do confronto com a lei actual, detectam-se alterações consideráveis a aplicar à generalidade dos hospitais e dos centros de saúde.

Assim, o acórdão nº 56/84 (Diário da República, II Série, de

9 de Agosto de 1984), concluiu, na sequência da análise dos trabalhos preparatórios da revisão constitucional de 1982, que "de qualquer modo, com a sua adopção ficou claro que o governo demitido não está limitado em função da natureza, da forma ou do conteúdo dos actos (pode, efectivamente, praticar quaisquer actos nos domínios político, legislativo e administrativo, excepto aqueles que por essência sejam incompatíveis com a situação institucionalmente patológica, sob a qual desenvolve a sua acção: por exemplo, não poderá solicitar à Assembleia da República a aprovação de um voto de confiança nos termos do artigo 196º da Constituição)".

E a mesma orientação foi seguida nos acórdãos nºs 142/85, 427/87, 2/88 e 111/88, publicados no Diário da República, II Série, respectivamente, de 7 de Setembro de 1985, de 5 de Janeiro de 1988, de 12 de Março de 1988 e de 1 de Setembro de 1988.

Sao analizados os principios gerais:

1. principio da publicidade,
2. princípio da livre concorrência
3. princípio da não discriminação,
4. princípio da qualidade
5. princípio da economicidade,

O Tribunal usa como referencia o acórdão nº 56/84, fazendo uma síntese entre as posições manifestadas no âmbito da Revisão Constitucional de 1982, respectivamente, por COSTA

ANDRADE (cfr. *Diário da Assembleia da República,* I, n° 123, já citado, p. 5141) e por Jorge MIRANDA (cfr. *Diário da Assembleia da República,* II, 2° suplemento ao n° 39, também já citado, p. 852-(61) e 852-(62)), de que "a componente dominante seria a da inadiabilidade" ou a da "proporcionalidade, implicitamente consagrada no n° 5 do [então] artigo 189° da Constituição", veio afirmar que "o pressuposto de actuação de um governo demitido (...) comporta uma dupla referência: uma, de ordem temporal: perante certa situação dos negócios públicos, o Governo terá naquelaaltura de dar um acto de resposta (inadiabilidade); outra, de ordem material: o acto de resposta terá de estar em relação directa com a situação a resolver (proporcionalidade)".

O conceito de estrita necessidade comporta uma margem de relativa incerteza, pelo que a sua definição pode demarcar-se a partir de dois índices: a importância significativa dos interesses em causa, em termos tais que a omissão do acto afectasse de forma relevante a gestão dos negócios públicos; a inadiabilidade , isto é, a impossibilidade de, sem grave prejuízo, deixar a resolução do assunto para o novo governo ou para momento ulterior à apreciação do seu programa" (acórdão n° 2/88) .

No acórdão 142/85, já citado, o Tribunal Constitucional pronunciou-se sobre este ponto nos seguintes termos: "Estabelece-se neste preceito [o n° 5 do então artigo 189°] que, 'após a sua demissão, o governo limitar-se-á à prática dos actos estritamente necessários para assegurar a gestão dos negócios públicos'.

Tambén cita .uma conhecida distinção de FORSTHOFF, afirmando que é forçoso reconhecer que neste preceito constitucional se contém primariamente uma 'norma-função' e só em menor medida uma 'norma de controle'".Igualmente se encontra entre as mesmas o aprofundamento das experiências realizadas nos últimos anos no desenvolvimento de "modelos de gestão empresarial" , designadamente nos hospitais de Santa Maria da Feira e de Matosinhos, salientando, entre as "virtualidades financeiras do processo", a "mutação do tipo de relação do estado com as entidades prestadoras.

Como criterios legislativos, o Tribunal constroi a argumentaço com base nos decretos:

1. Lei nº 28/82, de 15 de Novembro
2. Lei nº 48/90, de 24 de Agosto
3. da Lei nº 23/98, de 26 de Maio
4. Decreto-Lei nº 135/96, de 13 de Agosto
5. Decreto-Lei nº 157/99 de 10 de Maio
6. Decreto-Lei nº 412/98, de 30 de Dezembro.
7. artigos 18º, 19º, 20º e 21º da Lei nº 49/99, de 22 de Junho.
8. Lei nº 12/96, de 18 de Abril.
9. artigo 17º do Decreto Regulamentar nº 3/88, de 22 de

Janeiro

10. artigo 20º do Decreto-Lei nº 19/88, de 21 de Janeiro

11. Decreto-Lei nº 197/99, de 8 de Junho

12. Decreto-Leinºs 151/98, de 5 de Junho,

13. Decreto-Lei nº 207/99, de 9 de Junho, e 76/2001, de 27 de Fevereiro

ACÓRDÃO N.º254/02 (11 de Junho 2002)

Pronuncia-se no sentido da inconstitucionalidade da norma constante do artigo 1º do Decreto da Assembleia da República nº 3/IX, recebido na Presidência da República no dia 24 de Maio de 2002 para ser promulgado como lei, na medida em que - eliminando a competência do Conselho de Opinião para dar parecer vinculativo sobre a composição do órgão de administração da empresa concessionária do serviço público de televisão e não estabelecendo outros processos que visem garantir que a estrutura da televisão pública salvaguarde a sua independência perante o Governo, a Administração e os demais poderes públicos - se limita a prever um parecer não vinculativo sobre a nomeação e destituição dos directores que tenham a seu cargo as áreas da programação e informação (TC 254/02 pág.7).

O Tribunal fundamentou a sentença sobre a analise de diversos principios:

1. princípio da transparência;

2. princípio da especialidade;

170

3. princípio do pluralismo,

4. princípio do tratamento não discriminatório

5. princípio da não concentração

O Governo veio, em 5 de Junho, "enquanto entidade interessada", juntar quatro pareceres jurídicos :Lei n.º /2002. Segunda alteração à Lei n.º 31-A/98, de 14 de Julho (aprova a Lei de Televisão), alterada pela Lei n.º 8/2002, de 11 de Fevereiro. A Assembleia da República decreta, nos termos da alínea c) do artigo 161º da Constituição, para valer como lei geral da República, o seguinte: o texto em vigor do artigo 38º, n.º 6, provém da revisão constitucional de 1989.Nas versões anteriores a 1989, era o artigo 39º que expressamente se referia aos meios de comunicação social pertencentes ao Estado ou a outras entidades públicas.

Com a revisão constitucional de 1989, foram profundamente reformulados os artigos 38º e 39º da Constituição. Comparando a versão da Constituição emergente da revisão de 1982 com a resultante da revisão de 1989, decorre o seguinte:na versão de 1982, a par da garantia de independência de quaisquer órgãos de informação perante os poderes político e económico, exigia-se que a "utilização" dos órgãos de comunicação social pertencentes ao Estado e a outras entidades públicas, ou a entidades directa ou indirectamente sujeitas ao seu controlo económico, salvaguardasse a sua independência perante o Governo, a

Administração e os demais poderes públicos, sendo que ao Conselho de Comunicação Social competia zelar por essa utilização, em termos que a Constituição não definia. A par dessa genérica função, ao Conselho de Comunicação Social incumbia, nessa mesma versão de 1982, emitir parecer sobre a nomeação e a exoneração dos directores dos órgãos de comunicação social pertencentes ao Estado e a entidades equiparadas.

Nesta mesma versão de 1989 passam a ser tratados diferenciadamente "a estrutura e o funcionamento" dos meios de comunicação social do sector público, por um lado, e aquilo a que na versão anterior se designava por "utilização" dos meios de comunicação social, sendo que a utilização independente dos meios de comunicação social (de todos, e não apenas dos pertencentes ao Estado e a entidades equiparadas) é garantida pela Alta Autoridade para a Comunicação Social.

A comparação entre a independência quanto à "estrutura e ao funcionamento", consagrada na revisão de 1989, por um lado, e a independência quanto à "utilização", que correspondia à formulação de 1982, por outro lado, veio clarificar o sentido do n.º 6 do artigo 38º, no sentido de que se exigem mecanismos adicionais de garantia dessa independência logo ao nível da estrutura e funcionamento dos meios de comunicação social do sector público

Vejamos agora as pertinentes alterações à Constituição

introduzidas pela Lei Constitucional n.º 1/97, de 20 de Setembro, de que emergiu o texto actual dos artigos 38º e 39º.Comparando a versão de 1997 com a versão de 1989 do texto constitucional, verifica-se o seguinte: a versão de 1997, não obstante poder dizer-se que retirou alguns poderes à Alta Autoridade para a Comunicação Social no âmbito dos processos de licenciamento de estações emissoras de rádio e de televisão – na medida em que remeteu para a lei a regulação da sua intervenção nesse domínio (compare-se o anterior n.º 3 do artigo 39º, com o actual n.º 4) –, previu a possibilidade de a lei definir novas funções e competências da Alta Autoridade para a Comunicação Social;a versão de 1997, no que à salvaguarda da independência dos meios de comunicação social do sector público diz respeito, manteve a diferenciação entre, por um lado, "a estrutura e o funcionamento" destes meios de comunicação social e, por outro lado, a sua "utilização", dado que o artigo 38º, n.º 6, continua a determinar que "a estrutura e o funcionamento dos meios de comunicação social do sector público devem salvaguardar a sua independência ʻ perante o Governo, a Administração e os demais poderes públicos, bem como assegurar a possibilidade de expressão e confronto das diversas correntes de opinião" e o artigo 39º, n.º 1, concomitantemente, continua a cometer à Alta Autoridade para a Comunicação Social a função de zelar pela independência de (todos) os meios de comunicação social perante o poder político e

173

o poder económico;a versão de 1997 mantém, com alterações de formulação, a competência da Alta Autoridade para a Comunicação Social para intervir na nomeação e exoneração dos directores dos órgãos de comunicação social do sector público (artigo 39°, n.° 5).

Assim, a propósito da consagração de uma "garantia constitucional da existência de um sector público de rádio e de um sector público de televisão", no âmbito da norma do artigo 38° (Diário da Assembleia da República, II Série, n.° 73-RC, de 10 de Fevereiro de 1989, p. 2200).

Sobre o artigo 39°, e comentando a transferência para a Alta Autoridade para a Comunicação Social dos poderes anteriormente atribuídos ao Conselho da Comunicação Social, afirmou o mesmo Deputado (Diário da Assembleia da República, II Série, n.° 74-RC, de 14 de Fevereiro de 1989, p. 2223).

Na mais recente Lei da Rádio (Lei n.° 4/2001, de 23 de Fevereiro), atribui-se ao Conselho de Opinião do serviço público de radiodifusão o poder de "propor ao accionista Estado os nomes do vice-presidente e de um ou dois vogais do conselho de administração da concessionária, consoante esta tenha três ou cinco membros, nos termos previstos nos estatutos da mesma" (artigo 51°, n.° 2).

Publicada a Lei da Radiotelevisão (Lei n.° 75/79, de 29 de Novembro), foram aprovados os novos estatutos da

Radiotelevisão Portuguesa, E.P. (Decreto-Lei n.º 321/80, de 22 de Agosto).

Com a revisão constitucional de 1982, foi instituído o Conselho de Comunicação Social , encarregado de assegurar a possibilidade de expressão das diferentes correntes de opinião nos meios de comunicação social pertencentes ao Estado ou a entidades directa ou indirectamente sujeitas ao seu controlo económico (artigo 39º, n.º 2, da Constituição).Na revisão constitucional de 1989, verificou-se a instituição da Alta Autoridade para a Comunicação Social (artigo 39º), à qual foi deferida a competência para assegurar "o direito à informação, a liberdade de imprensa e a independência dos meios de comunicação social, em geral, perante o poder político e económico, bem como a possibilidade de expressão e confronto das diversas correntes de opinião e o exercício dos direitos de antena, de resposta e de réplica política" (artigo 39º, n.º 1, texto que ainda hoje se mantém).

Em 1992, através da Lei n.º 21/92, de 14 de Agosto, é alterada a natureza jurídica da RTP, que deixa de ser empresa pública e se transforma em sociedade anónima de capitais exclusivamente públicos (artigo 1º).

Os mesmos princípios gerais são retomados no artigo 4º, n.º 1, dos Estatutos da RTP, S.A., anexos à Lei n.º 21/92, e na cláusula 5ª do "contrato de concessão do serviço público de televisão celebrado entre o Estado e a RTP em 31 de Dezembro de 1996".As regras sobre a composição e a competência do Conselho de Opinião são pormenorizadas nos artigos 20º e 21º dos Estatutos anexos (cfr. igualmente a cláusula 23ª do "contrato de concessão do serviço público de televisão celebrado entre o Estado e a RTP em 31 de Dezembro de 1996").Durante a discussão da proposta, e a propósito do serviço público de televisão, o Deputado António Reis (Partido Socialista), depois de se referir à televisão pública como "um operador com uma programação de referência" e como "uma garantia do pluralismo de conteúdos" (Diário da Assembleia da República, I Série, n.º 64, de 30 de Abril de 1998, p. 2181).Q

Que só em 1998, através da Lei n.º 31-A/98, de 14 de Julho, foi instituído um mecanismo de garantia da independência do serviço público de televisão que directamente se relaciona com o aspecto estrutural da sociedade concessionária do serviço público, isto é, que procura traduzir a ausência de subordinação funcional dos respectivos órgãos de administração relativamente ao Governo, à Administração e aos demais poderes públicos; só então foi instituído um mecanismo que de algum modo visa contribuir para a independência da actuação dos órgãos da sociedade concessionária do serviço público relativamente ao accionista Estado – o mecanismo previsto no artigo 48º, n.º 2, alínea a), que atribui ao Conselho de Opinião competência para

176

"emitir parecer prévio vinculativo, no prazo máximo de 10 dias, sobre a composição do órgão de administração da empresa concessionária, a eleger ou a destituir na respectiva assembleia geral".

Isto mesmo afirmou a Comissão Constitucional, ao apreciar – perante o então artigo 39º da Constituição (na sua versão de 1976, importa sublinhar) – as normas a incluir nos estatutos da Radiodifusão Portuguesa, E.P. (1979) e da Radiotelevisão Portuguesa, E.P. (1980), que previam a faculdade de destituição dos membros dos respectivos órgãos, a todo o tempo, por mera conveniência de serviço, por iniciativa do Governo (respectivamente, Pareceres n.ºs 14/79 e 11/80, publicados em Pareceres da Comissão Constitucional, 8º vol., p. 119 ss, e 12º vol., p. 27 ss).

A diferenciação entre estes dois tipos de garantia da independência quanto aos órgãos de comunicação social do sector público encontra-se reflectida nas afirmações proferidas pelo Deputado António VITORINO (Partido Socialista), durante os debates parlamentares realizados a quando da revisão constitucional de 1989.

O artigo 38º, n.º 4, indica vários mecanismos dirigidos a esse objectivo, que podem concentrar-se em três princípios: princípio da transparência; princípio da especialidade; princípio do pluralismo, que exige o controlo da concentração de empresas jornalísticas (GOMES CANOTILHO e VITAL MOREIRA, *Constituição da República Portuguesa Anotada* , 3ª ed., Coimbra, 1993, p. 232).

Ao novo modelo organizatório da RTP pode atribuir-se algum significado no sentido da independência da televisão em face da Administração Pública, por abolir o regime de tutela que o Governo exercia sobre a empresa, enquanto empresa pública (VIEIRA DE ANDRADE, "*O serviço público de televisão na ordem jurídica portuguesa*", Comunicação e defesa do consumidor, Coimbra, 1996, p. 119 ss (p. 125)).

Não se trata sequer de um modelo tido unanimemente como ideal para salvaguarda da independência dos meios de comunicação social do sector público (pronunciando-se no sentido de que esta forma de participação do Conselho de Opinião da RTP, actualmente prevista na lei, é "insuficiente para estabelecer uma relação de responsabilidade orgânica juridicamente relevante", Jónatas Eduardo MENDES MACHADO, *Liberdade de expressão. Dimensões constitucionais da esfera pública no sistema social* , Coimbra, 2000, p. 865).

No mesmo sentido se tem pronunciado também a doutrina portuguesa (GOMES CANOTILHO e VITAL MOREIRA, *Constituição da República Portuguesa Anotada,* cit. p. 234; VIEIRA DE ANDRADE, "*O serviço público de televisão na ordem jurídica portuguesa*", cit., p. 125; Jónatas Eduardo

MENDES MACHADO, *Liberdade de expressão. Dimensões constitucionais da esfera pública no sistema social,* cit., p. 863, referindo-se à "inequívoca governamentalização do serviço público", neste domínio, no direito português actual).

Assim, e em primeiro lugar, não tenho por líquido que a caracterização dogmática que melhor convém ao preceituado no nº 6 do artigo 38º da Constituição seja a de que aí se está perante uma "garantia institucional" específica , a par de outras que se encontrarão na mesma disposição constitucional ou na seguinte. Porventura se deverá falar antes, mais globalmente, da garantia institucional da "imprensa (lato sensu) livre" (assim, ao que parece, JC VIEIRA DE ANDRADE, *Os Direitos Fundamentais na Constituição Portuguesa de 1976* , 2ª ed., Coimbra, 2002, p. 140), a qual se exprime em várias das indicações ou directivas constitucionais dos artigos 37º, 38º e 39º.

O ponto não é, certamente, decisivo, mas porventura ajudará a apreender e compreender melhor o sentido eo alcance dos diferentes enunciados dessas disposições – os quais, desde logo, importará considerar conjugada e convergentemente, e não como "mónadas" diferenciadas, no quadro desse sentido (ou *idée de l'oeuvre*) institucional genérico.

O Tribunal usa na fundamentaçao da sentença criterios legislativos dos textos :

1.- artigos 51º, n.º 1, e 57º, n.º 1, da Lei sobre Organização,

Funcionamento e Processo do Tribunal Constitucional,

2.- artigo 48° da Lei n.° 31-A/98, de 14 de Julho,

3.- artigo 54° da Lei do Tribunal Constitucional

4.- Lei n.° 8/2002, de 11 de Fevereiro

5.- Lei Constitucional n.° 1/97, de 20 de Setembro

6.- da Lei n.° 43/98, de 6 de Agosto

7.- artigo 1°, n.° 1, da Lei n.° 9/91, de 9 de Abril

8.- artigo 25° da Lei n.° 67/98, de 26 de Outubro

9.- Lei n.° 28/95, de 18 de Agosto

10.- Lei n.° 21/85, de 30 de Julho

11.- artigos 22° a 29° daLei do Tribunal Constitucional

12.- Lei n.° 5/98, de 31 de Janeiro

13.- do artigo 33°, n.°s 4 e 5, da LeiOrgânica do Banco de Portugal

14.- Decreto-Lei n.° 473/99, de 8 de Novembro

15.- Lei n.° 87/88, de 30 de Julho

16.- Lei da Rádio (Lei n.° 4/2001, de 23 de Fevereiro),

17.- Lei n.° 78/77, de 25 de Outubro,

18.- (Decreto-Lei n.° 321/80, de 22 de Agosto).

19.- artigo 11° Lei n.° 23/83, de 6 de Setembro).

20.- artigo 3° da Lei n.° 15/90 (que definiu as atribuições, competência, organização e funcionamento da Alta Autoridade para a Comunicação Social)

21.- Lei n.° 15/90.

22.- Lei n.º 21/92, de 14 de Agosto

23.- Lei n.º 29/81, de 22 de Agosto;

24.- Lei n.º 43/98, de 6 de Agosto.

25.- artigos 373º, n.º 3, e 405º, n.º 1, do Código das Sociedades Comerciais

ACÓRDÃO N.º 473/02 (de 19 de Novembro 2002)

Pronuncia-se pela inconstitucionalidade de todas as normas do Decreto da Assembleia Legislativa Regional dos Açores nº 32/2002, sobre «Adaptação à Região da Lei nº 92/95, de 12 de Setembro, alterada pela Lei nº 19/2002, de 31 de Julho», sobre «protecção de animais»

No Processo 705/2002, o Ministro da República para a Região Autónoma dos Açores requereu ao Tribunal Constitucional, ao abrigo do disposto nos artigos 278º, nº 2, da Constituição e 57º e seguintes da Lei do Tribunal Constitucional, a fiscalização preventiva da constitucionalidade de todas as normas do decreto da Assembleia Legislativa Regional nº 32/2002, sobre "Adaptação à Região da Lei nº 92/95, de 12 de Setembro, alterada pela Lei nº 19/2002, de 31 de Julho", o qual foi recebido no seu Gabinete, para assinatura, nos termos do artigo 233º, nº 2, da Constituição, como decreto legislativo regional, no dia 29 de Outubro de 2002.

Segundo o Ministro da República, o decreto em apreço, ao determinar no seu artigo 1º que a aplicação à Região Autónoma dos Açores da Lei nº 92/95, de 12 de Setembro, sobre "protecção de animais", alterada pela Lei nº 19/2002, de 31 de Julho (que por sua vez altera também a Lei nº 12-B/2000, que "proíbe como contra-ordenação os espectáculos tauromáquicos em que seja infligida a morte às reses neles lidada"), se faz com adaptações (artigos 2º, 3º e 4º), vem "derrogar a proibição genérica e absoluta das touradas (ou outros espectáculos tauromáquicos) com utilização da dita 'sorte de varas', proibição essa que resulta do nº 3 do artigo 3º da Lei nº 92/95, mas sobretudo do confronto entre o referido nº 3 e o nº 4 do mesmo artigo 3º, sempre na redacção actual que foi dada a este preceito pela Lei nº 19/2002, de 31 de Julho".

A Assembleia Legislativa Regional, ao autorizar com carácter excepcional a realização de espectáculos tauromáquicos com "sorte de varas" [quando esses espectáculos sejam expressão de cultura popular e desde que haja uma tradição (legal) ininterrupta durante os últimos dez anos] e ao prever adaptações de carácter orgânico, transferindo para a Administração Regional competências executivas e regulamentares exercidas ao nível nacional por órgãos e serviços da Administração Central (artigos 3º e 4º do decreto em causa em confronto com o teor da Lei nº 92/95, alterada pela Lei nº 19/2002), desrespeitaria os limites da competência legislativa regional fixados no nº 4 do artigo 112º e na alínea a) do nº 1 do artigo 227º da Constituição, ao abrigo da qual foi emitido o citado decreto legislativo regional.

Tal violação decorreria de três razões: a matéria versada não seria "reveladora de interesse específico regional"; seria do âmbito da reserva de competência legislativa dos órgãos de soberania; e violaria um princípio fundamental de uma lei geral da República (a referida Lei nº 92/95, alterada pela Lei nº 19/2002).

De acordo com o pedido, apesar de o vício de ilegalidade referido em último lugar não poder integrar o objecto de apreciação pelo Tribunal Constitucional em processo de fiscalização preventiva da constitucionalidade, ainda será pertinente sublinhar que a Lei nº 19/2002, de 31 de Julho, "apenas por lapso manifesto do legislador parlamentar ... não foi decretada como lei geral da República, uma vez que a Lei nº 92/95, de 12 de Setembro (embora anterior à revisão constitucional de 1997), tem claramente essa natureza e aLei nº 12-B/2000, de 8 de Julho, se auto qualifica como tal de forma explícita"

No que se refere à inexistência de interesse específico, entende o Ministro da República que as várias possibilidades de uma qualificação legal como interesse específico não se verificam.

Os principios gerais citados na sentença :

1. princípio fundamental de uma leigeral da República (a referida Lei nº 92/95, alterada pela Lei nº 19/2002).

2. princípio fundamental da proibição genérica, estabelecida pelo n° 3 do artigo 3° da Lei n° 92/95

Os criterios jurisprudenciais identificados pelo grupo de investigaçao sao diversos. O Tribunal chega à sentença, começando por apelar para a jurisprudência constante do Tribunal Constitucional, segundo a qual se encontrariam reservadas aos órgãos de soberania as matérias que reclamem a intervenção do legislador nacional, em virtude de os laços de solidariedade que devem unir todos os portugueses , exigirem que a legislação sobre matéria de relevo para a generalidade dos cidadãos, incluindo as respectivas especialidades e derrogações, seja produzida pelos órgãos de soberania (cfr. os Acórdãos n°s 91/84, de 29 de Agosto, DR , I Série, de 6 de Outubro de 1984; 326/86, de 25 de Novembro, DR , I Série, de 18 de Dezembro de 1986; 92/92, de 11 de Março, DR , I Série-A, de 7 de Abril de 1992; 212/92, de 4 de Junho, DR , I Série-A, de 21 de Julho de 1992; e 256/92, de 8 de Julho, DR , I Série-A, de 6 de Agosto de 1992).

Na opiniao do Tribunal ,a matéria de que se trata no caso dos autos não se integra na competência exclusiva da Assembleia da República nem na competência exclusiva do Governo e também não põe em causa o carácter unitário do Estado e os laços de solidariedade que devem unir todos os portugueses – os quais exigem a intervenção legislativa dos órgãos de soberania (Assembleia da República ou Governo), nos termos da jurisprudência constitucional citada (Acórdãos n°s 91/84, de 29 de

Agosto, D.R., I Série, de 6 de Outubro de 1984, e Acórdãos do Tribunal Constitucional, 4° vol., p. 7; 82/86, de 18 de Março, D.R., I Série, de 2 de Abril de 1986; e 326/86, de 25 de Novembro, D.R., I Série, de 18 de Dezembro de 1986).

Assim, argumenta a Corte, o artigo 8°, alínea x), do Estatuto da Região "refere como constituindo matéria de interesse específico para a Região os 'espectáculos', não podendo deixar de se considerarem incluídos na referência as corridas picadas, actividade que constitui o objecto do diploma em apreciação". Embora, segundo a jurisprudência do Tribunal Constitucional (cfr. o Acórdão n° 164/86, citado), a mera inclusão da matéria regulada no Estatuto da Região constitua uma simples presunção ilidível da existência de interesse específico, no caso dos autos a matéria respeita exclusivamente à Região Autónoma dos Açores, consubstanciando um problema específico que requer um tratamento particular.

Ao revisar as fontes doutrinarinarias, observamos que o Tribunal ao determinar o interesse específico constitucionalmente relevante como resultante de dos dois primeiros preceitos, apenas o que respeite a matérias que não estejam reservadas à competência própria dos órgãos de soberania sendo, por isso, desde logo um conceito condicionado pela relação entre a "razão regional" e a "razão nacional" (condicionamento que seria seu pressuposto limitativo, apela à expressão de Paulo OTERO , (*A*

Competência Legislativa das Regiões Autónomas , in Revista Jurídica , nº 8, 1986, p. 153). Opiniao que contrapoe com o artigo 228º da Constituição que dá conta, através de uma enunciação exemplificativa, de um conjunto de matérias em que se revela normalmente interesse específico. Não sendo taxativo, o artigo 228º tem, no entanto, uma função "expressiva" do que seja interesse específico, revelando-se nas suas alíneas um elemento comum de conexão com as condições de vida materiais e culturais nas regiões. Esse elemento comum é explicitado na alínea o) do artigo 228º, que admite que matérias diversas das enunciadas nas alíneas anteriores sejam também de interesse específico, por respeitarem exclusivamente a uma região ou por nela assumirem particular configuração.

A conexão regional está, assim, associada a certas matérias que a Constituição enuncia ea outras que não descreve, na medida da exclusividade ou da especial configuração na região (que seriam, afinal, os pressupostos constitutivos do interesse específico, de novo na expressão de Paulo OTERO, (ob.cit., loc.cit.).O termo "tradição", com origem na palavra latina traditio , significa, na acepção aqui relevante, "hábitos ou usanças transmitidos de geração em geração" (Grande Dicionário de Língua Portuguesa de António de MORAES SILVA , 10ª ed.) ou "transmissão de valores ou factos históricos, artísticos e sociais de geração em geração" (Dicionário de Língua Portuguesa

Contemporânea da Academia das Ciências de Lisboa , 2001). Pelo contrário, já não corresponde a uma verdadeira tradição "inculcar certos valores e normas de comportamento através da repetição" sem correspondência num passado remoto (cfr. sobre isto Eric HOBSBAWM e Terence RANGER, eds., *The Invention of Tradition* , 1983, pp. 1-14; sobre a problematicidade, a evolução, o sentido e o valor do conceito na história do Pensamento, ver *Historisches Wörterbuch der Philosophie* , coord. Joachim RITTER e Karlfried GRÜNDER, 1998).

Criterios legislativos usados:

1.- Lei nº 19/2002, de 31 de Julho

2.- Lei nº 12-B/2000, de 8 de Julho

3.- decreto da Assembleia Legislativa Regional nº 32/2002

4.- artigos 112º, nº 4, e 227º, nº 1, alínea a), da Constituição.

ACÓRDÃO N.º 509/02 (de 19 Dezembro 2002)

Pronuncia-se pela inconstitucionalidade da norma constante da artigo 4º, nº 1, do Decreto da Assembleia da República nº 18/IX, referente à titularidade do direito ao rendimento social de inserção.

O Presidente da República requereu, nos termos do artigo 278º, nºs 1 e 3, da Constituição da República Portuguesa (CRP) e dos artigos 51º, nº 1, e 57º, nº 1, da Lei sobre Organização, Funcionamento e Processo do Tribunal Constitucional (LTC), a apreciação da constitucionalidade da norma constante do artigo 4°, n° 1, do Decreto da Assembleia da República n° 18/IX, recebido na Presidência da República, no dia 22 de Novembro de 2002, para ser promulgado como lei.

Alega, em síntese, o requerente: o diploma procede à revogação do rendimento mínimo garantido previsto na Lei n° 19-A/96, de 29 de Junho, e cria o rendimento social de inserção, podendo, grosso modo, dizer-se que os direitos e prestações previstos na legislação que instituía e regulamentava o rendimento mínimo garantido são substituídos, com as devidas adaptações, pelos direitos e prestações previstos na legislação que cria e, posteriormente, virá a regulamentar, o rendimento social de inserção a dúvida de constitucionalidade refere-se ao artigo 4°, n° 1, que regula a titularidade do direito ao rendimento social de inserção, na medida em que, enquanto que o artigo 4°, n° 1, da Lei n° 19-A/96, de 29 de Junho, que criou o rendimento mínimo garantido, reconhecia a titularidade do direito à prestação de rendimento mínimo aos indivíduos com idade igual ou superior a 18 anos, o diploma que agora se pretende seja promulgado como lei, com ressalva das excepções também já previstas na lei anterior e das posições subjectivas dos actuais beneficiários, garante a titularidade do direitoao rendimento social de inserção apenas às pessoas com idade igual ou superior a 25 anos.

A dúvida de constitucionalidade respeita, assim, a saber se

uma tal restrição objectiva da titularidade do direito em causa é constitucionalmente fundada e se é feita com observância das normas e princípios constitucionais.

Votaram a favor, os Juízes - Conselheiros Luís Nunes de Almeida, Artur Maurício, Gil Galvão, Mário Torres, Maria Helena Brito, Maria Fernanda Palma, Alberto Tavares da Costa, Paulo Mota Pinto. Carlos Pamplona (vencido nos termos da declaração que anexou), Maria dos Prazeres Pizarro Beleza (vencida, nos termos da declaração de voto publicada), Benjamim Rodrigues (vencido nos termos da declaração de voto publicada), Bravo Serra (vencido, nos termos da declaração de voto apresentada pela Conselheira Prazeres Pizarro Beleza) .

Os principios gerais citados no acordão são :

1. princípio da confiança própria do Estado de Direito
2. princípio da universalidade
3. princípio do não retrocesso social,
4. princípio da democracia económica e social aponta para a proibição de retrocesso
5. princípio da protecção da confiança
6. princípio da alternância democrática,
7. princípio da protecção da confiança e da segurança dos cidadãos no âmbito económico, social e cultural
8. princípio da protecção da confiança,
9. princípio da igualdade

10. Princípio de conteúdo pluridimensional

11. princípio da defesa de condições mínimas de existencia

12. princípio do respeito da dignidade humana

Importa, porém, distinguir que baixo um ponto de vista dos criterios jurisprudenciais , o acordao faz referencia à diferença entre o reconhecimento de um direito a não ser privado do que se considera essencial à conservação de um rendimento indispensável a uma existência minimamente condigna- como aconteceu nos referidos arestos - e um direito a exigir do Estado esse mínimo de existência condigna, designadamente através de prestações, como resulta da doutrina e da jurisprudência alemãs.

É que esta última considera que «do princípio da dignidade humana, em conjugação com o princípio do Estado social decorre uma pretensão a prestações que garantam a existência», sendo de incluir na garantia do mínimo de existência «as prestações sociais suficientes», nos termos da legislação sobre auxílio social. O texto da sentença cita directamente a Horst DREIER, *Grundgesetz Kommentar*, Band I, Mohr Siebeck, Tübingen, 1996, págs. 62 e 125-126): «o Estado está obrigado a garantir ao cidadão desprovido de meios, através de prestações sociais» os «pressupostos mínimos» para «uma existência humanamente digna» (BverfGE, 82, 60 (85) .

E, dentro deste subsistema, aquele mesmo rendimento

190

social de inserção integra-se no denominado regime de solidariedade , que se concretiza na atribuição de prestações que, fora do subsistema previdencial de natureza contributiva, assegurem um mínimo de subsistência , seja àqueles que, em princípio, não têm condições para o vir a obter – caso da pensão social ou equivalentes, em situações de invalidez, velhice, viuvez ou orfandade –, seja àqueles que, encontrando-se transitoriamente em situação de ausência ou insuficiência de recursos económicos para a satisfação das suas necessidades mínimas, precisam de apoio para promover a sua progressiva inserção social e profissional, como é o caso do ainda vigente rendimento mínimo garantido ou do projectado rendimento social de inserção (cfr. artigos 24º a 33º da Lei nº 17/2000; sobre o âmbito, modalidades, condições de atribuição, montante e outras regras atinentes às prestações não contributivas do regime de solidariedade, v. Apelles JB Conceição , Segurança Social – Manual Prático , 7ª ed., 2001, Rei dos Livros, págs. 270 e segs.).

Assim, observamos a existencia de um completo quadro de opçoes doutrinarias perfeiramente identificaveis no tratamento da questão da proibição do retrocesso que não se colocará, em tese, apenas no que se refere aos direitos sociais . O ACÓRDÃO N.º 509/02 cita também ao Conselho Constitucional francês que inaugurou a jurisprudência do denominado *effet cliquet* precisamente no domínio das liberdades fundamentais, na sua decisão DC 83-165, de 20 de Janeiro de 1984, considerando que não é possível a "revogação total de uma lei, em tais matérias, sem a substituir por outra que ofereça garantias com eficácia equivalente" (L. FAVOREU/ L. PHILIPPE , *Les grandes décisions du Conseil Constitutionnel* , 10ª ed., Dalloz, 1999, págs. 581 e segs., e, em especial, nºs 26/27, págs. 595/596). Também é referido um caso posterior (DC 90-287, de 16 de Janeiro de 1991, in Louis FAVOREU , *Recueil de jurisprudence constitutionnelle* 1959-1993 , págs. 432 e segs.) para fundamentar a admissao de que o referido *effet cliquet* pudesse ainda operar no âmbito dos direitos económicos e sociais , não sem que a doutrina se tenha interrogado sobre essa extensão (Louis FAVOREU , *Revue Française de Droit Constitutionnel* , 1991, 6, pág. 293).

Em sentido idêntico, e a sentença faz uma referencia expressa a este autor, JORGE MIRANDA (*Manual de Direito Constitucional*, Tomo IV, Coimbra Editora, 2000, págs. 397-398) assinala: "Logo não é possível eliminar, pura e simplesmente, as normas legais e concretizadoras, suprimindo os direitos derivados a prestações porque eliminá-las significaria retirar eficácia jurídica às correspondentes normas constitucionais". Outro autor citado é MIGUEL GALVÃO TELES ,em geral acerca das normas programáticas, quando um comando vise criar uma situação duradoura, uma vez cumprido convola-se em proibição – de destruir essa situação.

Por seu turno, segundo a sentença estudada , J.J.GOMES CANOTILHO (ob. cit., pág. 477) ensina: "Os direitos derivados a prestações, naquilo em que constituem a densificação de direitos fundamentais, passam a desempenhar uma função de "guarda de flanco" (JP MÜLLER) desses direitos garantindo o grau de concretização já obtido. Consequentemente, eles radicam-se subjectivamente não podendo os poderes públicos eliminar, sem compensação ou alternativa, o núcleo essencial já realizado desses direitos. E, mais desenvolvidamente sobre o princípio do não retrocesso social, o mesmo autor explana o seguinte: O princípio da democracia económica e social aponta para a proibição de retrocesso social" .

A ideia aqui expressa também tem sido designada como proibição de «contra-revolução social» ou da «evolução reaccionária». Com isto quer dizer-se que os direitos sociais e económicos (ex.: direito dos trabalhadores, direito à assistência, direito à educação), uma vez obtido um determinado grau de realização, passam a constituir, simultaneamente, uma garantia institucional e um direito subjectivo . A «proibição de retrocesso social» nada pode fazer contra as recessões e crises económica (reversibilidade fáctica), mas o princípio em análise limita a reversibilidade dos direitos adquiridos (ex.: segurança social, subsídio de desemprego, prestações de saúde), em clara violação do princípio da protecção da confiança e da segurança dos cidadãos no âmbito económico, social e cultural , e do núcleo essencial da existência mínima inerente ao respeito pela dignidade da pessoa humana. O reconhecimento desta protecção de «direitos prestacionais de propriedade», subjectivamente adquiridos, constitui um limite jurídico do legislador e, ao mesmo tempo, uma obrigação de prossecução de uma política congruente com os direitos concretos e as expectativas subjectivamente alicerçadas. A violação do núcleo essencial efectivado justificará a sanção de inconstitucionalidade relativamente a normas manifestamente aniquiladoras da chamada «justiça social».

Assim, por ex., será inconstitucional uma lei que extinga o direito ao subsídio de desemprego ou pretenda alargar desproporcionadamente o tempo de serviço necessário para a aquisição do direito à reforma (cfr. Ac TC 39/84 – Caso do Serviço Nacional de Saúde – e Ac 148/94, DR, I, 13/5/94 – Caso das Propinas). A liberdade de conformação do legislador nas leis sociais nunca pode afirmar-se sem reservas, pois está sempre sujeita ao princípio da proibição de discriminações sociais e políticas antisociais. As eventuais modificações destas leis devem observar os princípios do Estado de direito vinculativos da actividade legislativa eo núcleo essencial dos direitos sociais.

O princípio da proibição de retrocesso social pode formular-se assim: o núcleo essencial dos direitos sociais já realizado e efectivado através de medidas legislativas («lei da

194

segurança social», «lei do subsídio de desemprego», «lei do serviço de saúde») deve considerar-se constitucionalmente garantido, sendo inconstitucionais quaisquer medidas estaduais que, sem a criação de outros esquemas alternativos ou compensatórios, se traduzam, na prática, numa «anulação», «revogação» ou «aniquilação» pura e simples desse núcleo essencial. Não se trata, pois, de proibir um retrocesso social captado em termos ideológicos ou formulado em termos gerais ou de garantir em abstracto um status quo social, mas de proteger direitos fundamentais sociais sobretudo no seu núcleo essencial. A liberdade de conformação do legislador e inerente auto-reversibilidade têm como limite o núcleo essencial já realizado.

Também José Carlos VIEIRA DE ANDRADE é uma das referencias usadas ao (ob. cit., págs. 391-392) analisar detidamente a questão, que trata de forma mais sintética noutro lugar (VIEIRA DE ANDRADE ,*La protection des droits sociaux fondamentaux au Portugal*, in *La protection des droits sociaux fondamentaux dans les Etats membres de l'Union européenne*, cit., pág. 690): "Em nossa opinião, é difícil aceitar um princípio geral do «acquis social» ou da «proibição do retrocesso», sob pena de se sacrificar a «liberdade constitutiva» do legislador, sobretudo numa época em que ficou demonstrado que não existe uma via única e progressiva para atingir a sociedade justa. Todavia, pode-se admitir que existe uma certa garantia de estabilidade : o uma garantia mínima, no que se refere à proibição feita ao legislador de pura e simplesmente destruir o nível mínimo adquirido; ouma garantia média, quando se exige às leis «retrocedentes» o respeito pelo princípio da igualdade (como proibição do arbítrio) e do princípio da protecção da confiança ; ouma garantia máxima, apenas nos casos em que se deve concluir que o nível de concretização legislativa beneficia de uma tal «sedimentação» na consciência da comunidade que deve ser tido como «materialmente constitucional»".

Mas, o Tribunal não deixa expressivamente de advertir que o mesmo autor (VIEIRA DE ANDRADE en *Os Direitos Fundamentais* "..., loc. Cit.), expressa: "Contudo, isso não implica a aceitação de um princípio geral de proibição do retrocesso, nem uma «eficácia irradiante» dos preceitos relativos aos direitos sociais, encarados como um «bloco constitucional dirigente»".

Assim, segundo o Tribunal Constitucional : "a proibição do retrocesso não pode constituir um princípio jurídico geral nesta matéria, sob pena de se destruir a autonomia da função legislativa, degradando-a a mera função executiva da Constituição". A liberdade constitutiva ea auto-revisibilidade , ainda que limitadas, constituem características típicas da função legislativa e elas seriam praticamente eliminadas se, em matérias tão vastas como as abrangidas pelos direitos sociais, o legislador fosse obrigado a manter integralmente o nível de realização ea respeitar os direitos por ele criados.

Todavia, ainda que se não adopte posição tão restritiva, a proibição do retrocesso social operará tão-só quando, como refere JJ GOMES CANOTILLO , se pretenda atingir : «o núcleo essencial da existência mínima inerente ao respeito pela dignidade da pessoa humana», ou seja, quando «sem a criação de outros esquemas alternativos ou compensatórios», se pretenda proceder a uma « anulação , revogação ou aniquilação pura e simples desse núcleo essencial». Ou, ainda, tal como sustenta José Carlos VIEIRA DE ANDRADE , quando a alteração redutora do conteúdo do direito social se faça com violação do princípio da igualdade ou do princípio da protecção da confiança ; ou, então, quando se atinja o conteúdo de um direito social cujos contornos se hajam iniludivelmente enraizado ou sedimentado no seio da sociedade.

Na sua dimensão material ou substancial , o princípio constitucional da igualdade vincula em primeira linha o legislador ordinário.

Para uma análise dos sentidos formal e material do princípio da igualdade, o Tribunal Constitucional usa como fontes doutrinarias a diversos autores, tais como : GOMES CANOTILHO (*Constituição Dirigente e Vinculação do Legislador*, Coimbra, Coimbra Editora, 1982, pp. 380 e 381);

CASTANHEIRA NEVES (*O Instituto dos «Assentos» e a Função Jurídica dos Supremos Tribunais*, Coimbra, Coimbra Editora, 1983, pp. 119, 120, 165 e 166) ; BÖCKENFÖRDE , W. (*Der Allgemeine Gleichheitssatz und die Aufgabe des Richters*, Berlin, W. de Gruyter, 1957, pp. 43 e 68). Todavia, este princípio não impede o órgão legislativo de definir as circunstâncias e os factores tidos como relevantes e justificadores de uma desigualdade de regime jurídico num caso concreto, dentro da sua liberdade de conformação legislativa.

Por outro lado, entrecruzando o controlo jurisdicional do princípio da igualdade com a protecção também jurisdicional dos direitos sociais, e depois de mencionar que, quanto a esta última, «na maior parte dos casos, o juiz tem de aceitar o poder de conformação do legislador e só em casos excepcionais ou em aspectos limitados se poderá concluir pela violação, que terá de ser manifesta, das normas constitucionais», José Carlos VIEIRA DE ANDRADE (ob. cit., pág. 387), assinala: "Uma das hipóteses de mais fácil verificação será a da inconstitucionalidade resultante da violação do princípio da igualdade enquanto proibição do arbítrio. Poderá acontecer quando uma lei organize ou regule prestações em cumprimento das imposições constitucionais ligadas ou decorrentes da consagração de direitos sociais e, ao fazê-lo, restrinja injustificadamente o âmbito dos beneficiários, em manifesta contradição com os objectivos da norma constitucional, seja por um erro de qualificação, por força do hábito ou por uma intenção discriminatória. Esta força normativa resulta do princípio da constitucionalidade e não pode ser negada aos preceitos relativos aos direitos sociais, nem subtraída ao poder de fiscalização judicial." A este propósito, a sentença retoma, de novo, a José Carlos VIEIRA DE ANDRADE (*Os Direitos Fundamentais na Constituição* de 1976, 2ª ed., Almedina, 2001, pág. 388) e interroga-se se, perante certas situações de carência, não se deverá reconhecer «a todas as pessoas o direito a esse mínimo», colocando assim a questão: "[...] Não estará aí em causa directamente o valor da dignidade da pessoa humana ? Mas, a ser assim, não implicará isso um direito à sobrevivência , enquanto direito social de personalidade, entendido como um direito análogo aos direitos, liberdades e garantias e gozando, portanto, do respectivo regime, designadamente da sua imediata aplicabilidade?"

É a Wolfgang DÄUBLER (L*a protection des droits sociaux fondamentauxdans l'ordre juridique de l'Allemagne*, in *La protection des droits sociaux fondamentaux dans les Etats membres de l'Union européenne*, Bruylant, Bruxelas, 2000, pág. 68) que o Tribunal recorre para argumentar e assinalar, no que se reporta ao direito à existência que o texto da Lei fundamental não prevê expressamente uma obrigação para o Estado de conceder um mínimo de bens para assegurar a subsistência das pessoas que se encontram em território nacional.

Também usa a Gerrit MANSSEN (*Grundrechte*, C. H. Beck, Munique, 2000, n° 181, pág. 52) quando escreve que em parte também se deduzem da dignidade humana pretensões a prestações efectivas. Em conexão com o princípio do Estado social pode-se daí deduzir que o Estado está obrigado a garantir o mínimo de existência da pessoa.

Ao considerar este , fala do «inerente ao respeito da dignidade da pessoa humana» que J. J. GOMES CANOTILHO (*Direito Constitucional e Teoria da Constituição*, 6ª ed., Almedina, 2002, pág. 343) e considera que o princípio da defesa de condições mínimas de existência pode fundar «uma imediata pretensão dos cidadãos», «no caso de particulares situações sociais de necessidade».

Todavia, o legislador, «dada a diversidade dos meios possíveis para atingir esse fim» (cfr. Wolfgang DÄUBLER , cit.), goza de uma larga margem de liberdade conformadora, podendo decidir «quanto aos instrumentos e ao montante do auxílio», sem prejuízo de dever assegurar sempre o « mínimo indispensável ». Essa é uma decorrência do princípio democrático , que supõe a possibilidade de escolhas e de opções que dê significado ao pluralismo e à alternância democrática , embora no quadro das balizas constitucionalmente fixadas, devendo aqui harmonizar-se os pilares em que, nos termos do artigo 1° da Constituição, se baseia a República Portuguesa: por um lado, a dignidade da pessoa humana e, por outro lado, a vontade popular expressa nas eleições.

Reflexão Final

A obra mais citada pelo Tribunal Constitucional é portuguesa , o que não deixa dúvida da forte endogamia dos constitucionalistas portugueses . Esta endogamia é acentuada pela presença avassaladora de três deles entre os 10 mais citados . Trata-se de J. J. GOMES CANOTILHO, JORGE MIRANDA e de VIEIRA de ANDRADE , como também 2 obras figuram entre as 10 mais citadas: a) *Direito Constitucional e Teoria da Constituição* e b) *Os Direitos Fundamentais na Constituição* .

Apesar do referido , pode-se, também observar uma influência importante das escolas estrangeiras , sendo muito marcante a influencia da escola alemã , cujos autores estão entre os mais citados. . Assim vemos aparecer como referencia obrigatoria a Gerrit MANSSEN , com o seu *Grundrechte ,* a Wolfgang DÄUBLER, BÖCKENFÖRDE , a DREIER. Mas, a escola francesa também está presente com varios autores, por exemplo , Louis FAVOREU entre otros. Uma surpresa a ausencia de obras e autores italianos e norteamericanos.

REFERENCIAS BIBLIOGRÁFICAS

CANIVET, Guy; ANDENÆS, Mads Tønnesson; FAIRGRIEVE, Duncan (ed.). *Comparative law before the courts*. British Institute of International and Comparative Law, 2004.

DROBNIG, Ulrich. International Encyclopedia of Comparative Law: Efforts toward a Worldwide Comparison of Law, The. *Cornell Int'l LJ*, 1972, vol. 5, p. 113.

GROPPI, Tania; PONTHOREAU, Marie-Claire (ed.). *The Use of Foreign Precedents by Constitutional Judges*. Hart, 2013.

LEGEAIS, Raymond. L'utilisation du droit comparé par les tribunaux. *Revue internationale de droit comparé*, 1994, vol. 46, no 2, p. 347-358.

LEGRAND, Pierre. Impossibility of Legal Transplants, The. *Maastricht J. Eur. & Comp. L.*, 1997, vol. 4, p. 111

L'HEUREUX-DUBE, Claire. Importance of Dialogue: Globalization and the International Impact of the Rehnquist Court, The. *Tulsa LJ*, 1998, vol. 34, p. 15.

MARKESINIS, Basil; FEDTKE, Jörg. *Giudici e diritto straniero: la pratica del diritto comparato*. Il mulino, 2009.

PONTHOREAU, Marie-Claire. *La reconnaissance des droits non-écrits par les cours constitutionnelles italienne et française: essai sur le pouvoir créateur du juge constitutionnel*. Paris, Economica, 1994.

RAUTENBACH, Christa; DU PLESSIS, Lourens. In the Name of Comparative Constitutional Jurisprudence: The Consideration of German Precedents by South African Constitutional Court Judges. *German LJ*, 2013, vol. 14, p. 1539.

SOMMA, Alessandro; ALPA, Guido. *L'uso giurisprudenziale della comparazione nel diritto interno e comunitario.* Giuffrè, 2001.

VAN CAENEGEM, Raoul C. *Judges, legislators and professors: chapters in European legal history.* Cambridge Univ Pr, 1992.
WATSON, Alan. *Legal transplants: An approach to comparative law.* University of Georgia Press, 1974.

WERRO, F. "La jurisprudence et le droit comparé", en Aa.Aa, *Perméabilité des orders juridiques,* Publ. de l'Isdc, n. 20, Zürich, 1992.

Título
"A contribuição da doutrina na jurisdição constitucional portuguesa e brasileira"

ISBN
ISBN-13:978-1507656730
ISBN-10:1507656734

Edición
1ª.Edición

Colección
"Transformaciones Jurídicas y Sociales en el Siglo XXI"
serie 8/No. 3

Coordinadores de la Colección
Hill Arturo del Río Ramírez
Teresa M. G. Da Cunha Lopes

Aprobado por
Centro de Investigaciones Jurídicas y Sociales UMSNH
Comisión Editorial de la Facultad de Derecho y Ciencias Sociales

Coordinador de la Edición y Diseño Gráfico
Pedro Rusiles

Fecha Publicación
8 de diciembre de 2014

Editado por CIJUS/Facultad de Derecho, CAEC "Derecho, Estado y Sociedad
Democrática"

Impreso por : Creative Space

www.ingramcontent.com/pod-product-compliance
Lightning Source LLC
Chambersburg PA
CBHW021425170526
45164CB00001B/96